RICHARD STEINPACH

Wieso wir nach dem Tode leben

RICHARD STEINPACH

Wieso wir nach dem Tode leben

Verlag der Stiftung Gralsbotschaft
Stuttgart

Die Deutsche Bibliothek – CIP-Einheitsaufnahme

Steinpach, Richard:
Wieso wir nach dem Tode leben / Richard Steinpach.
19. Aufl. – Stuttgart: Verl. der Stiftung Gralsbotschaft, 1992
(Lebenswerte)
ISBN 3-87860-196-4

19. Auflage 1992.
Umschlaggestaltung: GDS, Hamburg
Gesamtherstellung: Clausen & Bosse, Leck
Printed in Germany

»Wieso wir nach dem Tode leben« ist der vielleicht seltsam klingende Titel dieses Vortrages, denn er setzt etwas voraus, das für die meisten Menschen ja keineswegs feststeht, nämlich, daß es ein Fortleben nach dem Tode gibt. Es gibt zwar manche, die daran glauben, aber ihre Vorstellungen davon gehen weit auseinander und bei näherer Prüfung stellt sich heraus, daß es sich oft nur um eine Hoffnung, nicht aber um wissende Überzeugung handelt. Andere, die zeigen wollen, wie furchtlos sie der Begrenztheit ihres Daseins gegenüberstehen, erklären hingegen, mit dem Tode sei alles aus. Zwischen diesen beiden Lagern steht schließlich noch die große Anzahl jener, die aus Angst, sie könnten an etwas glauben, das noch nicht hinlänglich bewiesen ist, den Tod einen großen Unbekannten sein lassen, in dessen unbegreifliche Unausweichlichkeit man sich eben zu fügen hat.

Aber wir müssen nicht in dieser Ungewißheit verbleiben! Die Wahrheit liegt zum Greifen nahe vor uns – wenn wir uns nicht selbst davor verschließen!

In den letzten Jahren hat man den Tod gewissermaßen »wieder entdeckt«. Eine eigene Wissenschaft befaßt sich jetzt mit dem Sterben, die Thanatologie, abgeleitet von dem griechischen Wort »thanatos« = der Tod. Von den zahlreichen, in dieser Hinsicht exakt wissenschaftlich tätigen Forschern war es vor allem der amerikanische Arzt Dr. Raymond Moody, dessen Buch vom »Leben nach dem Tod«* ein Verkaufsschlager geworden ist. Das zeigt doch, daß die Menschen nach einer Antwort auf diese Frage verlangen. Aber wie weit konnten die in den letzten Jahren hierüber so zahlreich erschienenen Bücher diese Antwort geben?

Dr. Moody hat ebenso wie andere Forscher Berichte Sterbender zusammengetragen, darunter vielfach auch solcher Personen, die bereits als klinisch tot galten und dennoch wieder ins irdische Dasein zurückgeholt werden konnten. Das Interesse galt hier aber nicht diesem medizinischen Ereignis, sondern der verblüffenden Gleichartigkeit der Erlebnisse, die jene Personen in der Spanne zwischen Leben und Tod hatten. Es waren dies Menschen von verschiedenem Bildungsgrad und sozialem Stand, sie lebten teils auf dem Lande, teils

* Rowohlt-Verlag GmbH, Hamburg

in Städten, entstammten verschiedenen Völkern, ja sogar anderen Kulturkreisen. Sie hatten unterschiedliche religiöse Vorstellungen, litten an verschiedenen Krankheiten oder Verletzungen und wurden ärztlich anders versorgt. Dennoch hatten sie bei ihrem Pendeln um die Todesschwelle nahezu gleichartige Stationen durchlaufen. Bei ihnen allen stand am Beginn ein neuartiger Zustand, den Dr. Moody die »Ausleibigkeit« nennt. Die befragten Personen befanden sich außerhalb ihres Körpers. Sie sahen sich selbst – oder besser gesagt, diesen Körper, mit dem sie sich nicht mehr ident fühlten – auf dem Bette oder der Unfallstelle liegen, sie sahen die Bemühungen der Umstehenden und hörten deren Worte. Jene Personen, die – nach Moody – »tiefer in das Reich des Todes eingedrungen waren«, hatten das Gefühl, durch eine dunkle Enge gezogen zu werden. Dann sahen sie ein helles, nicht blendendes Licht, fühlten die Nähe eines liebevollen Wesens und erfuhren eine Rückschau auf ihr Leben. Ihr Zeitbegriff und ihr Wissen hatten sich verändert, erweitert, sie meinten, die wahren Zusammenhänge zu verstehen.

Mit den Zweifeln, die gegen Dr. Moody's Bericht vom »Leben nach dem Tode« geltend gemacht wurden, brauche ich mich hier nicht zu befassen. Dr. Moody hat die Zweifler selbst hinlänglich widerlegt. Hier soll es um etwas anderes gehen: So wertvoll, so bedeutungsvoll die Forschungsergebnisse der Thanatologen auch sind, so haben sie doch nur Erlebnisschilderungen zusammengetragen. Den Vorgang des Sterbens haben sie damit noch nicht erklärt. Zum Verständnis der Bedeutung dieses so wichtigen Wendepunktes aber müssen wir doch wissen, wieso es überhaupt geschehen kann, daß wir nach dem Tode weiterleben.

Diese Lücke zu schließen ist der Zweck meiner Niederschrift. Sie sollen hier jene Erklärungen erhalten, die Sie in keinem der Bücher, die über das Sterben in den letzten Jahren veröffentlicht wurden, gefunden haben. Dann erst sind Sie nämlich in der Lage, die Berichte, die die Wissenschaftler zusammengetragen haben, zu verstehen und einzuordnen. Diese Berichte haben nämlich nichts Unheimliches oder Sensationelles an sich. Es sind Bruchstücke, Momentaufnahmen aus einem Geschehen, das Sie in einem viel weitergehenden Maße zu überschauen in der Lage sein sollen. Denn auch der Tod ist ein ganz natürlicher Vorgang, der nach feststehenden, klaren und – das scheint für uns das Wichtigste – einsehbaren Gesetzen abläuft. –

Ich schicke voraus: Die Erklärungen, die Sie hören sollen, fußen auf der Gralsbotschaft »Im Lichte der Wahrheit«*, ein Werk, von dem noch zu sprechen sein wird. Daß es seinen Titel zu Recht trägt, werden Sie allein schon daraus ersehen können, daß das darin Gesagte in der Lage ist, uns z. B. alle im weitesten Sinne mit dem Tode zusammenhängenden Vorgänge verständlich zu machen.

Ich lade Sie daher ein, zunächst vorurteilsfrei aufzunehmen, was ich Ihnen darüber darlegen möchte. Wenn ich sage »vorurteilsfrei«, dann meine ich damit: Sie sollen, wenn Sie etwas lesen oder hören, das Ihnen neu oder erstaunlich erscheint, nicht gleich bei sich ein »das gibt es nicht« entgegenhalten oder es an Ihren bisherigen eigenen Vorstellungen messen. Sie sollen vielmehr darüber nachdenken und das Gehörte prüfen. Prüfen aber können und sollen Sie es in der Folge dadurch, daß Sie es auf uns bekannte Tatsachen und auf die vorliegenden Schilderungen anwenden.

Und ich meine schließlich damit noch ein Zweites: Wir sollten uns endlich abgewöhnen, Unsichtbares als unbegreiflich oder gar unnatürlich anzusehen. Diese Haltung entbehrt jeder Berechtigung. Nur zu gut wissen wir Bescheid über die Unzulänglichkeit unserer Sinne. Schon das Infrarot, das Ultraviolett oder den Ultraschall können wir nicht

* Verlag der Stiftung Gralsbotschaft, Stuttgart

mehr wahrnehmen. Ständig sind wir, ohne es zu merken, umgeben, ja durchdrungen von Wellen verschiedenster Art. Es wäre also unsinnig, wollte man leugnen, daß es auch Wirklichkeiten jenseits unserer Sinne gibt. Allein schon, daß wir überhaupt einen Begriff wie den des »Jenseits« haben, sagt doch schon, daß wir uns des Bestandes solcher Welten durchaus bewußt sind.

Beginnen wir zum besseren Verständnis des Folgenden gleich damit, diese Bereiche begrifflich abzugrenzen. Das Irdische will ich im weiteren Verlauf als Grobstofflichkeit, das Jenseitige als Feinstofflichkeit bezeichnen, wobei wir uns darüber klar sein müssen, daß es sich dabei nur um eine großflächige Unterscheidung handelt, die Übergangsstufen vorerst unberücksichtigt läßt.

Die erste Voraussetzung für die weitere Betrachtung ist, daß wir Klarheit gewinnen über uns selbst, über die Frage: Was ist denn der Mensch? Die Erkenntnisse der Darwinisten, der Neo-Darwinisten, der Verhaltensforscher und Evolutionswissenschaftler sind ja nur Halbwahrheiten, richtig und falsch zugleich. Sie betreffen nämlich nur die Entwicklung unseres Körpers und seiner Einrichtungen. Aber der eigentliche Mensch ist nicht dieser Körper. Das wäre so, als wollte man zwischen dem Lenker eines Fahrzeuges und dem Fahrzeug selbst nicht unterscheiden. Denn da ist doch etwas in uns, das fähig ist, sich seiner selbst bewußt zu sein, das über sich selbst nachdenken kann, etwas, das uns allein schon vom Tier unterscheidet. Dieses Etwas kann nicht nur Freude und Trauer, Liebe und Haß, sondern auch so Abstraktes wie Kunst, Schönheit, Erhabenheit empfinden. Und mit diesem Worte »empfinden«, das sich hier wie selbstverständlich anbietet, treffen wir genau das eigentlich Menschliche in uns. Dieses eigentlich Menschliche ist Geist! Seine Stimme, seine Sprache, durch die er sich für uns bemerkbar macht, ist die Empfindung. Sie ist jene Aufwallung, die nicht von äußeren Sinnenreizen abhängig ist, sondern spontan der innersten Tiefe unseres Wesens entquillt.

Damit haben wir zwar den Weg zum Erspüren, zum Erleben unseres Geistes gefunden, aber es erscheint mir erforderlich, diesen Begriff noch schärfer abzugrenzen. Hören Sie also, was in der Gralsbotschaft »Im Lichte der Wahrheit« darüber gesagt wird:

»Geist ist nicht Witz und nicht Verstand! Geist ist auch nicht erlerntes Wissen. Mit Irrtum nennt man deshalb einen Menschen ›geistreich‹, wenn er viel studierte, las, beobachtete und sich darüber gut zu unterhalten weiß. Oder wenn er

durch gute Einfälle und Verstandeswitz brilliert.
Geist ist etwas ganz anderes. Er ist eine selbständige Beschaffenheit, aus der Welt seiner Gleichart kommend, die anders ist als der Teil, dem die Erde und damit der Körper angehört. Die geistige Welt liegt höher, sie bildet den oberen und leichtesten Teil der Schöpfung ...
Geist hat mit irdischem Verstande nichts zu tun, nur mit der Eigenschaft, die man als ›Gemüt‹ bezeichnet. Geistreich ist also gleichbedeutend mit ›gemütvoll‹, aber nicht verstandesvoll.«

Es ist ein trauriges Zeichen dafür, wie sehr wir den Geist in uns schon verschüttet haben, daß wir ihn überhaupt, wie es leider so oft geschieht, mit dem Verstande verwechseln können. Das Einzige, das der Verstand vermag, nämlich eingegebene Erfahrungen und Informationen zu verknüpfen und daraus Schlüsse zu ziehen, das können heute die Denkmaschinen schon viel besser als wir. Der Verstand ist ja nur ein körpergebundenes Werkzeug, das es dem Geiste ermöglichen soll, sich in dieser irdischen Welt sinngerecht auszuwirken.

Unser wahres Ich ist also Geist. Er ist das einzig Lebendige, das in diesem Erdenkörper steckt, das ihn als solchen am Leben erhält. Aber dieser Geist steckt nicht unmittelbar darin, dazu ist seine Art von der des Erdenkörpers zu verschieden. Wir wissen doch, daß die Natur keine großen Sprünge macht. Als einziges kennt sie den Quantensprung, die Aneinanderfügung von Mindestmengen an Energie, was jedoch gerade den Beweis dafür liefert, wie sehr sich im Naturgeschehen ein Baustein immer an den anderen reiht zu einem Fortgang nur in kleinen Schritten. So besitzt auch der Geist zunächst ihm in der Stufenordung der Schöpfung näherkommende, feinere, leichtere, durchlässigere Hüllen, so auch eine aus Feinstofflichkeit. Dieses Erscheinungsbild, der Geist in seiner feinstofflichen Körperhülle ist es, das schon von vielen hellsehenden Menschen geschaut wurde und auf das der Begriff »Seele« – unter dem man sich leider so wenig vorzustellen pflegt – paßt. Die »Seele« ist also nichts Selbständiges, das neben dem Geiste besteht; es ist der feinstofflich umkleidete Geist.

Für das Vorhandensein eines solchen feinstofflichen Leibes finden wir einen geradezu dramatischen Bericht im Neuen Testament. Da erschien Jesus nach der Grablegung sowohl Maria Magdalena wie auch mehrfach seinen Jüngern. Er ging neben ihnen, sie sprachen mit ihm, aber sie erkannten ihn nicht. Er trat ein in Räume, deren Türen verschlossen waren – und erst als er mit ihnen bei Tisch das

Brot brach, merkten sie, daß es Jesus war. Das sagt doch ganz deutlich, daß er in anderer, veränderter leiblicher Gestalt zu ihnen kam, eben in jenem feinstofflichen Leib, den zu schauen sie, aufgerüttelt durch die erlebnistiefen Geschehen der vergangenen Tage, damals befähigt waren. Wäre es anders, so hätten sie ihn doch gleich erkannt. Jesus aber wollte ihnen damit nicht nur sagen, daß ER auferstanden war; ER wollte ihnen zeigen, daß das Leben weitergeht, nicht erst nach einem fernen Jüngsten Tag, sondern sogleich nach dem Erdentode.

Aber auch dieser feinstoffliche Leib, von dem eben die Rede war, ist von dem irdischen noch zu artverschieden. Deshalb ist zwischen dieser feinstofflichen Seele und dem grobstofflichen Erdenkörper noch ein notwendiger Übergang eingeschoben, der sogenannte Astralkörper. Er kommt in seiner Beschaffenheit dem Erdenkörper schon sehr nahe; er ist dessen unmittelbares Vorbild, gleichsam sein Modell. Das mag, wenn man es so sagt, vielleicht befremdlich erscheinen. Aber wir wissen heute, daß die kleinsten Bausteine unserer Materie, die Neutronen, Protonen und Elektronen immer unstofflicher werden, je tiefer man in ihre Eigenschaften eindringt. Und nun überlegen Sie bitte: Wie alles Stoffliche besteht doch auch unser Körper nur aus solchen Elementarteilchen. Wenn wir weiter in Betracht ziehen, daß alles, was uns als festgefügter Stoff erscheint, – wissenschaftlich erwiesen – aus Strahlung entsteht, aus jenem Unbegreiflichen, aus dem einst das Universum entstand, daß hier ein unaufhörlicher Wechselprozeß im Gange ist, der Strahlung in Teilchen und Teilchen in Strahlung verwandelt, dann, meine Damen und Herren, sagt uns das doch ganz deutlich: Unsere gesamte irdische Welt formt sich – so könnte man sagen – von oben nach unten, sie ist schlechthin das Ergebnis eines fortlaufenden Verdichtungsprozesses. Die Existenz verfeinerter Hüllen ergibt sich daher fast schon als logische Folge aus unserem physikalischen Weltbild. Wie erweiterungsfähig dieses Weltbild jenseits der Grenze festgefahrener Vorstellungen ist, läßt sich allein schon daraus ersehen, daß etwa die Erkenntnisse der Relativitätstheorie, der Quantenphysik, der Molekularbiologie oder der Radioastronomie vor Jahrzehnten noch als Hirngespinste, als Okkultismus oder Aberglaube belächelt worden wären.

Halten wir also jene drei Begriffe nochmals fest, mit denen wir uns im folgenden zu beschäftigen haben werden: Da ist einerseits der grobstoffliche Erdenkörper, den man auch als die »sterbliche Hülle« zu bezeichnen pflegt, weiter der ihm in seiner Beschaffenheit sehr nahe kommende Astralkörper und schließlich der Geist in seiner feinstofflichen Körperhülle, die sogenannte Seele. Diese ist nun mit dem Astralkörper und dadurch auch mit dem Erdenkörper verbunden durch die gleichfalls von hellsichtigen Menschen schon oft geschaute »silberne Schnur«. Es ist dies eine Art feinstofflicher Nabelstrang. Er mündet tatsächlich in derselben Gegend wie auch die grobstoffliche Nabelschnur, die uns einst mit dem Mutterleib verbunden hat, nämlich hier im Sonnengeflecht. Diese »silberne Schnur« ist – wenn man es nüchtern betrachten wollte – die feinstoffliche Ausformung jenes »Konstruktionsgedankens«, den wir in der uns bekannten Nabelschnur wiederfinden. Sie ist die Leitung für die Einwirkung des Geistes auf den Erdenkörper.

Sie werden nun wahrscheinlich fragen wollen: Wo sind denn nun diese verschiedenen Hüllen? Nun: Sie sind alle in uns. Aber sie können sich infolge ihrer verschiedenartigen Beschaffenheit nicht miteinander vermischen, sondern nur zusammenschließen. Sie sind ineinandergeschoben wie Teile eines ausziehbaren Fernrohres, und sie werden in dieser Stellung gehalten, gewissermaßen verriegelt, durch jene gewaltige Kraft, die alles in der Schöpfung vom Größten bis zum Kleinsten zusammenhält. Diese Kraft ist die Strahlung. Wir wissen ja heute aus der Physik, daß jedes Ding strahlt, daß die scheinbare Festigkeit unserer Materie auf nichts anderem beruht als eben dieser Strahlung, die die Elementarteilchen magnetartig verbindet. Ich darf Sie, meine Damen und Herren, in diesem Zusammenhang an ein altes, sehr bekanntes Sprichwort erinnern, das da heißt: »Essen und Trinken hält Leib und Seele zusammen.« Man hält dies zumeist nur für eine Rechtfertigung der Tafelfreuden. Doch welche Weisheit, welches Wissen um die wahren Zusammenhänge steckt doch darin! Klar wird hier doch gesagt, daß Leib und Seele zweierlei sind, daß sie nur zusammengehalten werden, und daß es dazu einer bestimmten Beschaffenheit des Erdenkörpers bedarf, zu deren Erzielung die Zufuhr der stofflichen Nahrung eben erforderlich ist. Bekommt er diese Nahrung nicht oder wird er von Krankheit befallen, so wird er geschwächt. Das bedeutet aber zwangsläufig, daß auch seine Strahlkraft, seine Ausstrahlung schwächer wird.

Damit sind wir an dem entscheidenden Punkt angelangt. Ich will Ihnen nun den Schlüssel reichen zum Verständnis jenes Geschehens, mit dem wir uns hier befassen, indem ich wiederum Worte aus der Gralsbotschaft »Im Lichte der Wahrheit« zitieren möchte, in der wir lesen:

»So kommt es... daß sich die Seele von einem durch Gewalt zerstörten Körper oder von einem durch Krankheit zerrütteten oder durch Alter geschwächten Körper in dem Augenblick trennen muß, wo dieser durch seinen veränderten Zustand nicht mehr die Stärke der Ausstrahlung erzeugen kann, die eine derartige magnetische Anziehungskraft bewirkt, welche nötig ist, um seinen Teil zu dem festen Aneinanderschluß von Seele und Körper beizutragen!
Dadurch ergibt sich der Erdentod, oder das Zurückfallen, das Abfallen des grobstofflichen Körpers von der feinstofflichen Hülle des Geistes, also die Trennung. Ein Vorgang, der nach feststehenden Gesetzen erfolgt zwischen zwei Arten, die sich nur bei einem genau entsprechenden Wärmegrad durch die dabei erzeugte Ausstrahlung aneinanderschließen, nie aber verschmelzen können, und die wieder voneinander abfallen, wenn eine der zwei verschiedenen Arten die ihr gegebene Bedingung nicht mehr erfüllen kann.«

Seele und Körper müssen also ihren Teil zu dieser Strahlungsverbindung beitragen. In der Regel ist es zwar der sich verbrauchende Erdenkörper, dessen Ausstrahlung aus einem der vorhin genannten

Gründe abnimmt, es kann aber auch sein, daß die Verbindung abreißt, weil die Ausstrahlung der Seele nicht mehr mit der erforderlichen Stärke dem Erdenkörper zugewendet ist. Das sind dann jene Fälle, in welchen ein Mensch, ohne an einer feststellbaren Krankheit zu leiden, abscheidet, einfach deshalb, weil er keinen Lebenswillen mehr besitzt. Aber auch hier gibt es freilich Zwischenstufen. Wenn sich jemand körperlich oder seelisch nicht wohl fühlt, pflegt man da nicht zu sagen: »Er ist *nicht ganz beisammen«* oder: »Er ist ganz *daneben«?* Diese Redewendungen beziehen sich doch ganz deutlich auf eine Lockerung des für unsere Vollkraft nötigen Zusammenhaltes. Hierzu lesen wir denn auch in dem Werke »Im Lichte der Wahrheit«:

»Sogar beim Schlaf des grobstofflichen Körpers erfolgt eine Lockerung des festen Anschlusses der Seele, weil der Körper im Schlafe eine andere Ausstrahlung gibt, die nicht so fest hält, wie die für den festen Anschluß bedingte. Da diese aber noch zu Grunde liegt, erfolgt nur eine Lockerung, keine Trennung. Diese Lockerung wird bei jedem Erwachen sofort wieder aufgehoben.«

Mit diesem Hinweis auf den Schlaf ist unserem Verständnis eine Brücke gebaut. Hier handelt es sich ja um eine Erfahrung, die jeder von uns allnächtlich machen kann. Man hat den Schlaf oft als den kleinen Bruder des Todes bezeichnet. Tat man dies nur, weil der Mensch im Schlaf dem tätigen Leben entrückt ist? Oder war man sich nicht doch der gleichen naturgesetzlichen Ursache bewußt?

Obwohl der Mensch bekanntlich ein Drittel seines Lebens im Schlafe verbringt, hat die Wissenschaft erst vor knapp zwei Jahrzehnten begonnen, sich der Erforschung des Schlafes zuzuwenden. Die Ergebnisse dieser Forschung sind leider noch zu wenig allgemein bekannt. Ich möchte Ihnen daher einiges darüber berichten, weil wir hier bereits die erste Möglichkeit haben, die Richtigkeit des vorhin Gesagten zu erkennen.

Wir wissen, daß sich in unserem Gehirn ständig mikroelektrische Vorgänge abspielen, deren Wirkungen als Gehirnstrom im Elektroencephalogramm meßbar sind. Dieser Gehirnstrom weist im Wachzustand bis zu 30 Schwingungen pro Sekunde auf. Bei Schlafenden sinkt er im Zuge des Einschlafens bis zu einer halben Schwingung pro Sekunde ab. Zugleich aber vermindern sich auch der Herzschlag, die Atmung, der Blutdruck und die Körpertemperatur. Der Körperhaushalt wird nur noch auf »Sparflamme« aufrecht erhalten. Die Forschung hat damit die äußeren Merkmale einer Abschwächung aller Lebensfunktionen festgestellt, mit der naturgemäß auch eine Abschwächung der durch diese Lebensfunktionen bedingten Ausstrahlung des Körpers einhergeht. Das aber bestätigt genau, was Sie vorhin hörten: Denn diese verminderte Körperstrahlung ermöglicht die Lockerung der Seele. Manche Schläfer haben vor Erreichung des Tiefschlafes sogar den Eindruck, sie würden fallen, sie zucken zusammen. Das ist der Augenblick des Abhebens der Seele aus der bisher festen Strahlungsverbindung.

Erst nach Erreichen des Tiefschlafes beginnt dann der Abschnitt des erlebnisvollen Traumes. Er kann, wie die Schlafforschung festgestellt hat, kaum im Stehen oder Sitzen erreicht werden. Der Körper bedarf dazu einer waagerechten Unterlage, die ein völlig erschlafftes Liegen gestattet. Die Muskel- und Sehnenreflexe sind jetzt erloschen, so daß mitunter sogar das Kinn herabfällt und der Mensch schnarcht. Der Körper liegt also da, spannungslos wie die Hülle eines Balles, aus dem die Luft entwichen ist. Was brauchen wir noch mehr an Beweisen dafür, daß hier die tragend-belebende Stütze fehlt, die demnach offensichtlich von anderer Art als dieser irdische Körper ist?

Aber während der Körper derart erschlafft ist, träumen wir. Die Schlafforschung hat festgestellt, daß alle Menschen allnächtlich träumen. Weshalb wir uns nur gelegentlich daran erinnern, ließe sich zwar leicht erklären, würde uns aber zu weit vom Thema wegführen. Daß jemand träumt, kann man u.a. auch dadurch feststellen, daß sich dabei die Augen hinter den geschlossenen Lidern auffallend schnell hin- und herbewegen. Diese schnelle Augenbewegung – meßbar im Oculogramm – ist so charakteristisch, daß sie diesem Abschnitt des Schlafes sogar den Namen gegeben hat. Man bezeichnet ihn als REM-Schlaf, was eine Abkürzung für »rapid eye movements«, eben für diese schnellen Augenbewegungen ist. Weckte man die Schläfer in diesem Abschnitt, so bestätigten sie, daß sie eben lebhaft geträumt hätten. Die Augenbewegungen hinter den geschlossenen Lidern entsprachen dabei manchmal sogar dem Trauminhalt: Träumte jemand, er steige eine Leiter hinauf, so blickten die Augen nach oben, träumte er, er hebe etwas vom Boden auf, so sah er hinunter. Durch die geschlossenen Lider des Erdenkörpers aber gibt es doch nichts zu sehen. Die Forschung liefert uns solcherart bereits den Beweis dafür, daß unser Ich doch etwas anderes ist als dieser Körper, und daß dieses Ich, der Geist, sieht und erlebt, wobei die Augen des Erdenkörpers diesen Eindrücken nur deshalb folgen, weil die Verbindung der Seele zu dem Körper im Schlafe ja noch nicht gelöst, sondern nur gelockert ist. Daß diese Augenbewegungen schneller als im Wachzustand und ruckartig verlaufen, läßt vermuten, daß der Geist eine Welt höherer Lebendigkeit erlebt, der das träge Erdenauge kaum zu folgen in der Lage ist.

Wir finden hier also bereits die Bestätigung dafür, daß die Veränderung der Ausstrahlung uns einen neuen Erlebnisraum freigibt. Sie ermöglicht bereits die Lockerung der Seele, und der in dieser Seele befindliche Geist erlebt sodann in einer Jenseitswelt, was wir als Traum bezeichnen.

Wenn es noch einer Unterstreichung dafür bedürfte, daß die Ausstrahlung entscheidend für den Zusammenschluß von Seele und Körper ist, so kann sie im folgenden erblickt werden: Die Schlafforschung hat festgestellt, daß die Phase des REM-Schlafes, also jener Abschnitt, in dem die Seele sich vom Körper schon gelockert hat, in einem kühlen Raum rascher zu erreichen ist. Der Grund liegt für uns auf der Hand: Die verminderte Raumtemperatur führt zu einer schnelleren Abnahme der Körpertemperatur und daher zu einer früheren Verminderung seiner Ausstrahlung, die ja, wie Sie vorhin hörten, auch von einem bestimmten Wärmegrad abhängig ist. Wir alle kennen schließlich auch jenen Abschnitt zwischen Traum und Erwachen, in dem zwar schon ein bewußtes Denken einzusetzen beginnt, wir aber noch unfähig sind, den Körper zu bewegen. Wir holen die »Seele« erst heran, und solange die Ausstrahlung des Körpers noch nicht kräftig genug ist, hat die Seele ihn eben noch nicht ganz »im Griff«. Es ist, wie wenn bei einem Kraftfahrzeug die Kupplung schleift.

Und jetzt, nach dieser ersten Probe aufs Exempel, wenden wir uns dem Tode zu. Wann tritt er nach Meinung der Wissenschaft ein? Man ist heute der Auffassung, daß der Gehirntod das entscheidende Merkmal sei. Darunter versteht man das Aufhören des Gehirnstromes im Elektoencephalogramm. Das steht in voller Übereinstimmung mit dem, was die Schlafforschung festgestellt hat, zugleich aber auch mit dem, was wir über den durch Strahlung bewirkten magnetartigen Anschluß von Körper und Seele hörten: Die Verminderung des Gehirnstromes bis zur Erreichung des Tiefschlafes führte zur Lockerung der Seele; das Aufhören dieser Wellenschrift erscheint der Medizin als Tod. Was aber ist der Gehirnstrom anderes als eine meßbare körpereigene Schwingung? Wie alle lebendigen Schwingungen ist er nur eine Ausformung von Strahlung, da jede Strahlung als Schwingung auftritt, Schwingung ist. Ist eine solche Schwingung meßbar nicht mehr vorhanden, so bedeutet dies für den Arzt den Tod. Sie sehen also: Die Wissenschaft stellt genau das fest, worauf es ankommt, doch sie sieht nur die Tatsache, erkennt aber noch nicht ihre eigentliche Bedeutung.

Wie man aber schon bei der allmählichen Erreichung des Tiefschlafes feststellen kann, geht die Abnahme der Körperstrahlung nicht plötzlich vor sich. Sieht man von jenen Fällen ab, wo der Leib durch Gewalteinwirkung zerstört, zerrissen wird, so handelt es sich um einen fließenden, gleitenden Vorgang, so, als würde man den Strom eines Elektromagneten langsam und stufenlos drosseln und schließlich abschalten. Daraus erklärt sich die Schwierigkeit, den Zeitpunkt des Todes genau zu bestimmen. Man meinte früher, er sei eingetreten, wenn die Atmung aussetzt, dann, wenn das Herz stillsteht. Jetzt nimmt man an, der Mensch sei tot, wenn der Gehirnstrom aufhört. Wo aber ist wirklich das Ende? Wieso ist es möglich, daß »klinisch Tote« wieder zum Leben erwachen konnten?

Machen wir doch einen kurzen Blick in die entgegengesetzte Richtung. Wie verhält es sich denn mit dem Eintritt ins Erdenleben? Auch hier kann die Medizin nicht eindeutig sagen, wann das menschliche Leben beginnt. Gerade im Zusammenhang mit der Frage der Schwangerschaftsunterbrechung wurden die verschiedensten Meinungen vertreten. Der Grund dafür liegt auch hier darin, daß das Heranziehen der Seele durch die sich verstärkende Ausstrahlung des werdenden Erdenkörpers allmählich erfolgt, bis der magnetartige Anschluß hält. Das untrügliche Zeichen dafür sind die ersten Kindesbewegungen im Mutterleib. Jetzt erst hat die Seele den Körper voll in Besitz genommen und kann ihn bewegen.

So ist auch der »klinische Tod« nur jener Moment, in welchem die zu sehr verminderte Körperstrahlung es der Seele nicht mehr gestattet, die Körperfunktionen noch in meßbarer Stärke aufrecht erhalten zu können. Aber so wie sich beim Eintritt ins Leben die Verbindung zu der herannahenden Seele allmählich verstärkte, so ist auch ihre Loslösung zu dem Zeitpunkt, den wir für jenen des Todes halten, noch nicht endgültig vollzogen. –

Wir haben bisher besprochen, wodurch es zum Tode kommt, nämlich durch die zu schwach gewordene Strahlungsverbindung. Nun wollen wir uns damit befassen, was denn eigentlich beim Sterben geschieht. Ich möchte Ihnen dies wieder mit den Worten aus der Gralsbotschaft »Im Lichte der Wahrheit« sagen:

»Bei Loslösung der Seele zieht diese als der bewegliche Teil den Astralkörper mit vom Erdenkörper fort. Bildlich gesprochen: die Seele zieht bei ihrem Austreten und Fortgange den Astralkörper mit aus dem Erdenkörper heraus. So erscheint es. In Wirklichkeit zieht sie ihn nur davon ab, da eine Verschmelzung nie stattfand, sondern nur ein Ineinanderschieben, wie bei einem ausziehbaren Fernrohre.
Sie zieht diesen Astralkörper dabei nicht sehr weit mit fort, da dieser nicht nur mit ihr, sondern ja auch mit dem Erdenkörper verankert ist, und außerdem die Seele, von der die eigentliche Bewegung ausgeht, sich auch von dem Astralkörper lösen will und demnach auch von ihm fortstrebt. So bleibt der Astralkörper nach dem irdischen Abscheiden der Seele immer unweit des Erdenkörpers. Je weiter sich dann die Seele entfernt, desto schwächer wird auch der Astralkörper, und die immer mehr zunehmende Lösung der Seele bringt zuletzt den Verfall und Zerfall des Astralkörpers mit sich, der wiederum unmittelbar den Verfall des Erdenkörpers nach sich zieht, wie er auch dessen Bildung beeinflußte. So ist der normale, schöpfungsgesetzmäßige Vorgang.«

Lassen Sie mich diese Erklärung ihrer großen Bedeutung wegen nochmals zusammenfassen: Durch die zu schwach gewordene Körperstrahlung wird die Verbindung der ineinandergeschobenen Hüllen gelöst, sie werden gewissermaßen entriegelt. Wie ein Luftballon, der nicht mehr festgehalten wird, entschwebt dann die Seele als der leichteste Teil. Mit dieser aber entfernt sich auch der in dieser feinstofflichen Hülle enthaltene Geist. Er allein war, als das einzig Lebendige im Menschen, in der Lage, die Organisationsform des Körpers sowohl im astralen wie auch im irdisch-grobstofflichen Bereich zusammenzuhalten. Ist die Verbindung mit ihm gelöst, so müssen diese Formen wieder zerfallen.

Nun war aber in dem Abschnitt, den ich Ihnen eben vorgelesen habe, die Rede davon, daß dies der normale schöpfungsgesetzliche Vorgang sei. Die Loslösung der Seele vollzieht sich nämlich nicht immer so einfach. Ich darf Sie erinnern: Die Seele wird ja nicht nur durch die beiderseitige Ausstrahlung in ihren dichteren Hüllen gehalten, sie besitzt ja in der schon genannten »silbernen Schnur« eine direkte Leitung, eine Verbindung zum Astral- und damit zum Erdenkörper. Entscheidend dafür, daß die Seele nicht nur aus dem Körper herausgleiten, sondern sich von diesem völlig trennen kann, ist nun der Zustand des feinstofflichen Seelenkörpers und seines gleichartigen Verbindungsstranges, der ganz von der Geistesart des einzelnen Menschen abhängt.

Hat ein Mensch sich durch sein Wollen stark nach dem Irdischen ausgerichtet, wollte er von einem Fortleben nach dem Tode, von einer jenseitig-feinstofflichen Welt nichts wissen, so wird durch diese seine eigene Haltung der Verbindungsstrang recht fest gefügt und nur schwer zu trennen sein. Die Loslösung kann dann viele Tage dauern, während welcher Zeit ein solcher Mensch infolge der Dichtheit des Verbindungsstranges noch mitfühlen muß, was mit seinem Erdenkörper geschieht, so daß er etwa für dessen Einäscherung nicht unempfindlich bleibt.

Im Gegensatz dazu kann der Verbindungsstrang bei einem lichtstrebenden, edlen Geiste, der die Überzeugung des Weiterlebens in sich trägt, schon sehr bald so locker werden, daß er keinen Schmerzleiter mehr abgibt und der Sterbende sogar der letzten körperlichen Schmerzen schon enthoben ist.

Sie mögen daraus ersehen, wie ungeheuer wichtig es ist, von diesen Dingen zu wissen. Ihre Einstellung zur Frage des Todes ist mitentscheidend dafür, wie leicht oder wie schwer Ihre Seele sich eines Tages von Ihrem Körper lösen wird. Es zeigt sich darin aber auch, wieviel Unheil das fehlende Wissen über den Verlauf des Sterbevorganges anrichtet. Bedenkenlos werden in den Krankenhäusern Obduktionen vorgenommen, werden die vermeintlichen Leichen seziert und schlimmer noch: Seitdem die Medizin es zuwege gebracht hat, Organe zu verpflanzen, sieht sie den Sterbenden als eine Art Ersatzteillager an. Viele Einrichtungen und Personen des öffentlichen Lebens befürworten dies, ja sie erachten es geradezu als Menschenpflicht, die Organentnahme aus dem abgelegten Körper zu gestatten. Nichts gegen den wohlmeinenden Beweggrund, der einen Spender veranlaßt, eine solche Verfügung zu treffen, wenngleich sie – in höherem Sinne betrachtet – für den Bedachten kaum nützlich ist. Aber jeder solcher Spender müßte wissen, was er damit auf sich nimmt. Im Zeitpunkt der Organentnahme, die bekanntlich unmittelbar nach dem vermeintlichen Tod erfolgen muß, wenn das Organ noch brauchbar sein soll, ist er ja in keinem Falle schon »wirklich tot«, sonst wäre das Organ nicht mehr verwendungsfähig. Der Verbindungsstrang ist jedenfalls bis dahin noch nicht zur Gänze gelöst. Dort, wo die durch die Art des betreffenden Menschen bedingte Dichtheit dieser Verbindungsschnur noch geeignet ist, einen Schmerzleiter abzugeben, wird ein solcher Mensch den Eingriff noch recht fühlbar mitempfinden. Aus gutem Grunde sehen daher manche Riten, insbesondere bei den Naturvölkern, Mindestfristen zwischen dem Tode und der Bestattung oder gar einer Leichenverbrennung vor.

In dem befristeten Fortbestehen dieses Verbindungsstranges aber liegt auch die Erklärung dafür, wieso die von den Thanatologen befragten Personen, von denen mehrere ja schon als »klinisch tot« gegolten hatten, wieder ins Leben zurückkehren konnten. Der Verbindungsstrang war in allen diesen Fällen eben noch nicht gelöst.

Diese natürliche Tatsache erklärt auch das vermeintliche Wunder der Totenerweckungen, so auch jene des Lazarus. In dieser Schöpfung kann nichts geschehen, das nicht ihren Gesetzen entsprechen würde. Ins irdische Leben zurückkehren kann immer nur der, bei dem die »Leitung« zwischen Geist und Erdenkörper noch besteht und daher den Wiedereintritt möglich macht. Das Wunderbare bei solchen Vorkommnissen liegt in der für uns unbegreiflichen Kraft, die eine solche Rückkehr bewirkt. In den von Dr. Moody berichteten Fällen war sie jenseitiger, im Falle des Lazarus durch Jesus sogar göttlicher Art.

Gerade aus den Berichten der Bibel über die Totenerweckungen durch Jesus kann man die zunehmende Entfernung der Seele vom Körper erkennen und den immer größeren Nachdruck, der nötig ist, um die Strahlungsverbindung wieder zu stärken. Bei der Tochter des Jairus, die eben abgeschieden war, sagt Jesus (nach Lukas 8/54) einfach: »Kind, stehe auf!«; beim Jüngling zu Nain, den man bereits zu Grabe trägt, wird er schon eindringlicher: »Jüngling, *ich sage Dir,* stehe auf!« (Lukas 7/14); im Falle des Lazarus schließlich, der schon vier Tage im Grabe lag, *betet* Jesus, bevor er mit *lauter Stimme* ruft: »Lazarus, komm heraus!« (Johannes 11/41–43).

In diesem Zusammenhange muß ich noch auf etwas verweisen, das zu wissen und zu beachten für uns alle ungemein wichtig ist. Immer wieder kommt es nämlich vor, daß nahe Angehörige in einem Sterbezimmer in laute Wehklagen ausbrechen und den Abscheidenden veranlassen wollen, noch etwas zu sagen. So begreiflich das von ihrem Standpunkte auch sein mag, so begehen sie unwissend dadurch eine grobe Rücksichtslosigkeit gegenüber dem Sterbenden. Denn in diesem wird dadurch der Wunsch hervorgerufen, sich noch verständlich machen zu können. Irdisch verständlich machen aber kann er sich nur durch den grobstofflichen Körper, von dem er sich zu lösen eben im Begriffe ist. Sein Wunsch wirkt nun diesem Vorgang entgegen, denn er will sich dadurch ja wieder an das Irdische binden. Das führt zu einer erneuten Verdichtung des Verbindungsstranges, der dadurch zur Schmerzleitung wieder geeigneter wird. Der Sterbende wird durch ein solches Verlangen also wieder fester an den Erdenkörper gebunden und genötigt, dessen Schmerzen wieder mitzuempfinden. Das hat, weil das eigene Wollen des Sterbenden hindernd dazwischentrat, eine nicht vorgesehene Verlängerung des Sterbevorganges zur Folge, einen sich mitunter über Tage hinziehenden Todeskampf. Deshalb soll in einem Sterbezimmer unbedingte Ruhe herrschen, ein der bedeutungsvollen Stunde entsprechender würdiger Ernst.

Ich glaube, daß sich kein ernsthaft denkender Mensch, der erfaßt hat, was sich beim Sterben begibt, der Logik dessen entziehen kann. Der Tod ist ja nichts anderes als die Rückgeburt in eine jenseitige Welt, aus der wir kamen. Seien wir also bestrebt, gerade einem geliebten Menschen diesen Schritt nicht durch unseren Schmerz, der ja im Grunde Eigensucht ist, zu erschweren.

Und nun, nachdem wir das alles gehört haben, fällt es uns leicht, die Erlebnisse der von Dr. Moody befragten Personen zu verstehen. Dadurch, daß wir uns zunächst auch mit dem Schlafe befaßt haben, können wir eine Einordnung dieser Schilderungen vornehmen. Sie liegen nämlich durchwegs im Bereiche zwischen Schlaf und Tod. Da gibt es Berichte von Personen, die schwer krank darniederlagen und an der Schwelle zwischen Leben und Tod verstorbene Angehörige oder jenseitige Helfer sahen und mit ihnen sprachen. Dann sind da schließlich die Schilderungen jener, die sich bereits außerhalb ihres Körpers befanden, und von denen ein Teil schon als »klinisch tot« gegolten hatte. Aber keiner von diesen war ja wirklich tot, d. h. der Verbindungsstrang war noch nicht getrennt. Gerade dadurch ergänzen diese Schilderungen als Zwischenstationen auf dem Wege vom Leben zum Tod das Bild jenes gleitenden Ablaufes, von dem ich schon gesprochen habe. Denn die zum Teil noch von Tageseindrücken überlagerten allnächtlichen Traumbilder, die Jenseitsschauungen Todkranker, der Austritt aus dem Erdenkörper mit den sich daran anschließenden immer weiter reichenden Erlebnissen, die die vermeintlich Abgeschiedenen hatten, und schließlich der Tod erscheinen alle wie auf einer Linie aufgereiht.

Daher ist Dr. Moody auch richtig zur Feststellung gelangt: »Im allgemeinen sieht es so aus, als ob diejenigen, die »tot« gewesen sind, nachhaltigere und vollständigere Erlebnisse mitzuteilen hatten als die, die den Tod nur gestreift haben; und diejenigen unter denen, die längere Zeit »tot« gewesen sind, gelangten tiefer als die Menschen, bei denen es nur kurze Zeit gedauert hat.« Das aber sagt doch nichts anderes als: Je weiter die Lockerung der Seele und damit ihre Entfernung vom Erdenkörper fortgeschritten ist, desto mehr Jenseitseindrücke erfährt sie.

So liegt die Wahrnehmung von Personen, die für andere unsichtbar waren – also jene Schauungen, die Todkranke hatten – noch sehr nahe dem Jenseitserleben der Träumenden. Die Körperstrahlung der Schwerkranken ist allerdings schon so sehr vermindert, daß die Seele sich schon etwas mehr als beim Traum zu lockern vermag. Sie sieht die Jenseitswelt daher schon klarer, deutlicher, nicht mehr vermengt mit den vom Gehirn aufgenommenen Tageseindrücken, wie dies bei unseren Träumen häufig der Fall ist.

Das nächste, bestürzend neue Erleben ist dann jenes der »Ausleibigkeit«, des Nicht-mehr-im-Körper-Seins. Hier hat die Seele, von der Körperstrahlung nicht mehr genügend festgehalten, den Astralkörper bereits vom Erdenkörper abgezogen und der eigentliche Mensch, der Geist, blickt nun durch diesen Astralkörper auf den Erdenkörper. In diesem Zustande konnten die Personen sehen, was sich um diesen Erdenkörper begab, sie hörten die

Worte der Umstehenden, ja sie konnten sogar deren Gedanken erkennen, unmittelbar bevor sie ausgesprochen wurden. Wie aber ist dies möglich?

Auch hier handelt es sich um etwas ganz Natürliches. So wie unser grobstofflicher Erdenkörper in dem grobstofflichen Auge und den grobstofflichen Einrichtungen des Gehörs die seiner Beschaffenheit entsprechenden Sinnesorgane besitzt, haben auch der Astralkörper und der feinstoffliche Körper jeweils die ihnen entsprechende gleichartige Ausstattung. Immer aber ist es ja unser Geist, der durch die Sinnesorgane der jeweils äußersten Hülle sieht, hört oder fühlt, also nie das Auge oder das Ohr an sich. Der im Astralkörper befindliche Geist nimmt also durch dessen Sinnesorgane wahr.

Und hier müssen wir uns einmal grundsätzlich darüber klar werden, welcher Art diese Jenseitswelten, die schon mit der Astralebene beginnen, eigentlich sind, was sie von unserer Welt unterscheidet. Ich habe schon früher davon gesprochen, daß unsere irdische Welt ja nur eine aus Strahlung hervorgegangene Verdichtung ist. Verdichtung aber bedeutet Verlust an Leichtigkeit, Beweglichkeit, bedeutet träger, schwerer werden. Bei jedem irdischen Stoff, der schmilzt, verdampft, gasförmig wird, können wir dies als umgekehrten Vorgang feststellen. Seine Entmaterialisierung, die zunehmende Leichtigkeit, beruht auf einer immer schnelleren Bewegung innerhalb seiner Atome. Mit anderen Worten: Verfeinerte, leichtere Formen sind also letztlich nur immer schnellere Bewegungszustände. Und nun denken Sie bitte an einen Rundfunkempfänger. Er umfaßt verschiedene Wellenbereiche: Mittelwellen, Kurzwellen, Ultrakurzwellen. Wenn Sie nun umschalten von dem einen zum anderen Bereich, ist der Apparat plötzlich in der Lage, höhere Frequenzen, also lebendigere Schwingungen aufzunehmen, die für ihn vorher nicht zugänglich waren. Der Grund dafür ist: Er ist jetzt darauf abgestimmt, d.h., seine Empfangseinrichtung ist diesen Schwingungen gleichartig und kann sie daher aufnehmen. So tragen auch wir Empfangseinrichtungen für verschiedene Wellenbereiche in Gestalt des Erdenkörpers, des Astralkörpers, des Seelenkörpers in uns. Die »Ausleibigkeit« bringt daher zunächst ein »Umschalten« auf den unmittelbar anschließenden höherfrequenten Wellenbereich mit sich. Aber die Trennung ist hier nicht so scharf wie beim Rundfunkempfänger, die Übergänge sind wiederum fließend. Da der Astralbereich dem Irdischen noch sehr nahe ist, kann der Abscheidende, der ja allmählich in den – bleiben wir zur Verdeutlichung bei diesem Ausdruck – »Frequenzbereich« der anderen Welt hinüberzuwechseln beginnt, zunächst noch beide Seiten in seine Wahrnehmungen einbeziehen. So kann er sowohl die Gedanken erkennen, deren Schwingungen – und zwar dann, wenn sie sich so sehr verdichtet haben, daß sie unmittelbar vor dem Aussprechen stehen – in diesem Bereich liegen, kurz bevor sie sich zu Worten formen, wie auch noch das Irdische sehen und hören.

Aber: Er kann sich seinerseits nicht mehr bemerkbar machen. Wenn Sie den bisherigen Ausführungen gefolgt sind, wird Ihnen klar sein, daß es gar nicht anders sein kann. Denn das Werkzeug zur irdischen Verständigung ist der Erdenkörper, aus dem der Sterbende zu dieser Zeit schon herausgeglitten ist und den er in dieser Phase schon nicht mehr bewegen kann. Schon die astrale Körperhülle ist für unsere grobstofflichen Augen im allgemeinen unsichtbar, die Worte, die er damit formt, bleiben in einem Schwingungsbereich, für den unsere Sinnesorgane ebenso unempfänglich sind wie für die uns ständig umgebenden Rundfunk- oder Fernsehwellen. Und auch für eine Berührung durch den astralen oder gar den feinstofflichen Körper des Abgeschiedenen bleibt unser Erdenkörper unempfindsam. Dieser Zustand des Nicht-mehr-gehört-, Nicht-mehr-gesehen-Werdens ist für einen, der hinübergeht, ohne um diese Vorgänge zu wissen, eine schmerzlich-quälende Erfahrung. Da sieht er seine Angehörigen trauern und möchte ihnen zurufen: »Was wollt Ihr denn, ich lebe doch noch!«, da sieht er die Ärzte an seinem Körper manipulieren und möchte sie wegjagen, aber niemand nimmt von ihm Notiz. Der Unwissende fühlt sich in diesem Zwischenreich lebendigseiend und dennoch ausgestoßen von allem Lebendigen. Es ist ein Erlebnis erschreckender Verlassenheit.

Mögen Sie daraus erkennen, wie unsinnig es ist, daß man alles, was mit dem Sterben zusammenhängt, verdrängte, so, als ginge uns just das Unausweichlichste in diesem Erdenleben gar nichts an.

Und selbst jetzt, da man endlich das Tabu zu brechen bereit ist, bleibt man an der Grenze dessen hängen, was man glaubt, noch »wissenschaftlich« beweisen zu können. Es kommt aber darauf an, die Menschen rückhaltlos aufzuklären über alles, was beim Tode und was dahinter geschieht, weil das alles untrennbar zur großen Einheit unseres Seins gehört.

Wir alle werden doch einmal diese Schwelle überschreiten müssen. Ist es nicht besser, dies wissend zu tun, anstatt hinausgedrängt zu werden ins Unbekannte?

Aber nicht nur für diese Stunde, die ja auf jeden von uns zukommt, sondern auch schon vorher ist dieses Wissen für uns wesentlich. Da folgen bei Begräbnissen die Menschen einem Sarg. Wie wenige der sogenannten Trauergäste gedenken mit liebevollen Gedanken des Verstorbenen! Was wird da oft in einem Trauerzug an Bösem oder Nichtigem geschwätzt. Wüßten diese Personen, daß der Verstorbene vielleicht noch nahe ist, daß er sie hören kann, sie würden sich anders verhalten. –

Kehren wir zurück zu Dr. Moody's Bericht vom »Leben nach dem Tod«. Viele der von ihm befragten Personen hatten ja mehr erlebt als den Zustand der »Ausleibigkeit«. Sofern sie »tiefer in das Reich des Todes eingedrungen waren«, hatten sie ein bemerkenswertes Erlebnis: Es war ihnen, als glitten sie durch eine finstere Enge, ein Tal, eine dunkle Röhre, einen Tunnel. So schwer sich ein jenseitiges Erlebnis in irdische Wortbegriffe fassen läßt, so sprachen die Betroffenen bezeichnenderweise übereinstimmend davon, sie seien »herausgezogen«, bzw. bei ihrer Rückkehr ins Erdenleben »hineingezogen« worden. Hier haben wir es also bereits mit dem nächsten Abschnitt, dem Fortstreben der feinstofflichen Seele vom Astralkörper, also ihrem Herausziehen aus diesem zu tun. In diesen Augenblicken des Überganges, der fortstrebenden Bewegung kann der Geist nun nicht mehr durch die Augen des Erden- oder Astralkörpers, aber auch noch nicht durch jene des erst im Freiwerden begriffenen feinstofflichen Körpers blikken. Er hat daher vorübergehend den Eindruck der Finsternis. Es ist, als wäre man in einem Lift zwischen zwei Stockwerken unterwegs. Da kann man auch nicht nach außen blicken, sondern muß warten, bis man die nächste Etage erreicht.

Daß diese nächste Etage, in welche die Seele nun eintritt, tatsächlich eine schneller schwingende Welt ist, wird durch ein akustisches Erlebnis unterstrichen, das die befragten Personen bei diesem »Herausgezogenwerden« hatten. Sie hörten nämlich ein Geräusch und beschrieben es wie das Dröhnen einer Glocke, ein Rauschen, Tosen, einen Knall. Danach befanden sie sich plötzlich in der Helle einer neuen Welt, das Irdische war ihnen entschwunden. Nun wissen wir doch aus einer Vielzahl irdischer Erscheinungen, daß dort, wo zwei unterschiedlich schnelle Bewegungen aufeinandertreffen, derart akustische Effekte entstehen. Denken wir nur an das Entkorken einer Sektflasche, das Knallen einer Peitsche, oder – deutlicher noch – an den Knall, der entsteht, wenn ein Überschallflugzeug die Schallgrenze durchbricht. So ist auch für die Seele der Eintritt in ihre neue Daseinsform wie das Durchbrechen einer Schallmauer. Sie wechselt über in eine Welt schnellerer Schwingung.

Eine Folge dieser schnelleren Schwingung ist auch die Veränderung des Zeitbegriffes. Auch hier sehen wir wieder die grundsätzliche Verwandtschaft von Traum und Tod. Schon im Traum deckt sich die Fülle des Erlebten oft nicht mit der verstrichenen Erdenzeit, wir meinen, viel länger geträumt zu haben. Eine der von Dr. Moody befragten Personen faßte das in dieser Beziehung noch weitergehende Jenseitserlebnis in dem Satz zusammen: »Sobald man sich aus dem Erdenkörper gelöst hat, scheint sich alles zu beschleunigen.« Auch das ist eigentlich selbstverständlich und könnte gar nicht anders sein. Denn der feinstoffliche Seelenkörper ist infolge seiner schnelleren Eigenbewegung leichter, also durchlässiger, und das bringt eine erhöhte Aufnahmefähigkeit für das Erleben mit sich. Denn alles, was geschieht, wirkt durch die weniger dichte Hülle viel unmittelbarer auf den Geist. Er ist in der Lage, in gleicher Zeit viel mehr als wir zu erfassen, d.h. erleben zu können, weil alles Geschehen den Geist viel direkter zu bewegen vermag. Es handelt sich hier im Grunde genommen um das gleiche Gesetz, das wir ja auch im Irdischen beobachten können: Je mehr Schwingungen der Strom aufweist, mit dem wir eine Leitung beschicken, desto mehr Gespräche können wir gleichzeitig damit übertragen; je höher frequent das Licht ist, mit dem wir eine Aufnahme machen, desto mehr Einzelheiten wird sie uns zeigen. Der Laserstrahl ist dafür das deutlichste Beispiel. Das scheinbar so rätselhafte Wort, daß »tausend Jahre sein würden wie ein Tag«, findet in diesem vermehrten Erfassenkönnen, das jeder schnelleren Bewegung zu eigen ist, eine in den Naturgesetzen begründete, leicht einsehbare Erklärung.

Das in der Jenseitswelt veränderte Zeitgefühl zeigt uns aber sehr deutlich, daß wir in bezug auf den Begriff der Zeit in einer falschen Vorstellung befangen sind. Wir verstehen darunter gewöhnlich Minuten, Stunden, Tage und Jahre. Aber sie sind im Grunde genommen nur ein Maß, gewonnen aus der relativen Bewegung der Erde zur Sonne. Aber wir alle wissen doch, daß Stunde nicht gleich Stunde ist, daß eine Stunde der Freude uns kurz erscheint, eine solche des Schmerzes als Ewigkeit. Reiches Erleben läßt die Zeit wie im Fluge vergehen, bei untätigem Warten schleicht sie dahin. Nicht was die Uhr, nicht was der Kalender zeigt, ist die Zeit, sondern die Fülle dessen, was wir darin zu erleben, zu speichern vermögen. Hugo von Hofmannsthal hat dies sehr gut zum Ausdruck gebracht, indem er sagte: »Dem Erlebenden dehnt sich das Leben.« Deshalb ist es so bedeutsam, daß durch die Jenseitserfahrung derer, die kurzfristig abgeschieden waren, uns diese Erkenntnis ins Bewußtsein gerufen und vertieft wird. Denn sie bedeutet schon den ersten Schritt zur Beantwortung der immer wieder gestellten Frage nach dem Sinn unseres Lebens. Wir sehen: Leben heißt Erleben!

In diesem Zusammenhang gewinnt eine weitere Erfahrung, die jene Pendler zwischen Tod und Leben machen konnten, besondere Bedeutung. Sie erlebten nämlich, daß in der Jenseitswelt nur eine ganz andere Art von Wissen zählt. Es war, so beschrieben sie es, ein tieferes Wissen, gleichsam ein Wissen »mit der Seele«, das den Ursachen und Verflechtungen dessen gilt, was »die Welt im Innersten zusammenhält«. Diese Art von Wissen zu erwerben sei, so wurde ihnen von hilfreichen Jenseitigen gesagt, das Wichtigste auch schon hier auf Erden. Und das sollte uns nicht nur zu denken geben, es sollte uns aufrütteln. Es zeigt doch, wie falsch unsere Ausbildung ist, wie viel kostbare Zeit unseres Lebens wir zur Erlernung im Grunde genommen ganz unwichtiger Dinge verwenden. Hier nämlich verläuft die Trennlinie zwischen Verstand und Geist. Was wir erlernen, nützt dem Verstand, es bleibt, in den Zellen unseres Gehirns gespeichert, mit unserem Erdenkörper zurück. Nur was wir erleben, empfinden, was solcherart unseren Geist bewegt, geht in uns ein, nur das können wir mitnehmen. Doch unter der einseitigen Verstandesentwicklung leidet heute die ganze Menschheit. Wir vollbringen großartige Werke der Technik, aber es fehlt uns die Fähigkeit, sie zu beherrschen, sinnvoll zu nützen, weil wir, statt uns vom Geiste führen zu lassen, seinem irdischen Werkzeug, dem Verstand, die Führung überlassen haben. So greifen wir allenthalben ein in das Naturgeschehen, ohne die Folgen absehen zu können, weil uns das wahre Wissen vom Gefüge dieser Schöpfung fehlt. Die erschütternde Erkenntnis des Goetheschen Faust hat leider auch heute nichts von ihrer Gültigkeit verloren:

»Oh glücklich wer noch hoffen kann, aus diesem Meer des Irrtums aufzutauchen!

Was man nicht weiß, das eben brauchte man, und was man weiß, kann man nicht brauchen!«

Alle, die während des zeitweiligen Austrittes aus ihrem Erdenkörper die irdische Welt verlassen hatten, erlebten dort die Nähe eines liebevollen Lichtwesens, das ihnen eine Rückschau auf ihr Erdenleben vermittelte. Ganz von selbst gelangten sie dabei zur Erkenntnis, wie vieles darin falsch gewesen war, wieviel Leid sie, oft unwissentlich, anderen zugefügt und wieviel Zeit sie nutzlos vertan hatten. Manche von ihnen kehrten höchst ungern wieder ins irdische Leben zurück und machten ihren Rettern sogar heftige Vorwürfe. Alle aber, die solcherart »drüben« gewesen waren, brachten den Vorsatz mit, in Zukunft anders, bewußter zu leben.

Und das halte ich eigentlich für das Wichtigste dessen, was diese Berichte vom Leben nach dem Tode uns zu geben haben. Denn diese Lebensschau, die Einsicht und die Folgerungen daraus, sind doch das deutliche Zeichen einer Verantwortung, einer Verantwortung, deren der Geist sich sofort bewußt wird, sobald er die Fesseln des Irdischen abgestreift hat. Dann haben sich nämlich seine verstandlichen Überlegungen irdischer Nützlichkeit, und alle Zweifel von selbst erledigt. Aber Verantwortlichkeit kann niemals Selbstzweck sein. Sie kann nur erwachsen im Zusammenhang mit einer Aufgabe. Also hat der Mensch eine Aufgabe. Aber wer sagt uns, welche?

Gerade an diesem entscheidenen Punkte lassen uns jene Bücher und Schriften, die sich mit dem Leben vor diesem Leben und mit dem Leben nach unserem Tode befassen, sowie auch die Parapsychologie und Thanatologie im Stich. Sie können uns allesamt weiter nichts sagen, als daß dieses Erdenleben ein Durchgang in einem weiter ausgreifenden Dasein, vor allem aber, daß der Tod nicht das Ende ist.

Gewiß, schon das ist ungemein wichtig. Sie haben ja schon gehört, wie sehr allein schon das Wissen von einem Fortleben dereinst die Loslösung vom Erdenkörper erleichtern kann. Aber die Bedeutung dessen geht noch weiter. Wenn Sie erst einmal das Tor zur Ganzheit unseres Daseins aufgestoßen haben, reicht Ihr Blick doch über dieses Erdenleben hinaus. Sie werden sich dann nicht mit allen Fasern dem Irdischen verhaftet fühlen wie jene, die sich selbst daran binden durch die Ansicht, sie würden nur hier und nur einmal leben. Eine solche Haltung des Menschen zeitigt beim Abscheiden ihre Folgen. Durch dieses Festklammern an die Erde wird nämlich auch der feinstoffliche Seelenkörper dichter und dadurch schwerer, weil seine erdwärts gerichteten Wünsche größtmögliche Erdennähe verlangen. Ich greife damit bereits über das hinaus, was die von Dr. Moody gesammelten Berichte enthalten. Vergessen wir aber nicht: Alle diese Personen waren ja nicht wirklich tot. Sie hatten ihren Erdenleib nur zeitweilig mehr oder weniger weit verlassen. Sie waren, als sie darüber berichteten, ja wieder in diesen Leib zurückgekehrt, mögen auch manche von ihnen später tatsächlich verstorben sein. Zu der Zeit aber, als sie die geschilderten Erlebnisse hatten, war der feinstoffliche Verbindungsstrang, von dem ich vorhin sprach, noch nicht getrennt. Alle diese Schilderungen beziehen sich daher auf ein Zwischenreich, einen kurzfristigen Übergang. Sie bestätigen uns zwar die Existenz eines »Jenseits« und eines außerirdischen Lebens, aber sie sagen uns nichts darüber, was mit der Seele nach der endgültigen Trennung vom Erdenkörper, also nach dem Zerfall der »silbernen Schnur« geschieht. Und hier muß ich im Interesse der Vollständigkeit meiner Erklärungen noch diesen wichtigen nächsten Schritt weitergehen. Denn allzu leicht könnte sonst der irrige Eindruck entstehen, das Jenseits hätte für jedermann nur Freudvolles zu bieten. Das Schicksal der feinstofflichen »Seele« hängt nach der endgültigen Trennung nämlich ab von der Leichtigkeit oder Schwere des feinstofflichen Körpers. Dessen Unterschiedlichkeit aber schaffen wir uns selbst durch die Ziele, die wir unseren Wünschen geben. Je höher sie im richtig verstandenen geistigen Sinne liegen, desto leichter, je niedriger sie sind, desto schwerer wird unser Seelenkörper dadurch werden. Wir können dies ja immer wieder in uns selbst erleben: Trübe Gedanken »drücken uns nieder«, irdische Sorgen »belasten« uns, machen uns »das Herz schwer«, eine edle Empfindung, eine weihevolle Stimmung aber »erheben« uns, machen uns »beschwingt«, und es wird uns »leicht ums Herz«. Diese Umschreibungen sind ja kein leerer Wahn. Sie sind die absolut zutreffende Schilderung eines Prozesses, an welchem der feinstoffliche Körper sehr entscheidend mitbeteiligt ist, weil jede derartige Regung unseres Geistes, die Empfindung, erst über den feinstofflichen Körper zur Auswirkung im Erdenleib gelangen kann.

In dem Augenblick nun, in dem die Schnur, die uns hier an unseren Erdenkörper bindet, zerfallen ist, steigt oder fällt diese feinstoffliche »Seele« nach dem uns allen bekannten Gesetz der Schwere. Wir kennen es als Auftrieb, am deutlichsten aber zeigt es sich bei Gasen. Jede irdische Substanz, wenn sie in gasförmigen Zustand übergeht, also feiner, leichter geworden ist, nimmt nämlich ihre Lage nach dem Gesetz der Schwere ein. Und durch dieses Gesetz erklären sich auch Himmel und Hölle, denn es bewirkt eine ganz natürliche Scheidung. Jede Seele wird nämlich an dem Platz, wohin das Gesetz der Schwere sie selbsttätig führt, solche Seelen um sich haben, die gleiche Schwere und daher im wesentlichen gleiche Art haben. Dieses Zusammensein mit ihresgleichen mag für die einen der Himmel, für die anderen – solange sie nicht durch eine einsichtsvolle Wandlung ihres Wollens selbst eine Änderung herbeiführen – die Hölle sein. –

Haben wir aber einmal erfaßt, daß nach dem Abfallen des Erdenkörpers unser Aufenthalt durch das Gesetz der Schwere bestimmt wird, das selbsttätig jeweils die Gleicharten sondert, dann sind wir der Antwort auf die Frage nach dem Sinn unseres Lebens wieder einen großen Schritt näher gekommen. Wir erkennen dann nämlich, daß dieser unser Erdenleib ein Mantel, ein Schutzwall ist, der uns – wie eine Taucherglocke durch ihr Gewicht – in der Grobstofflichkeit dieser Erdenwelt festhält und es dadurch ermöglicht, daß Menschen verschiedenster Eigenart hier mit- und nebeneinander leben können. Die Erde ist demnach ein Sammelbecken, ein Treffpunkt dessen, was sonst getrennt verbleiben muß. Ich werde auf die Bedeutung dieser Tatsache noch zu sprechen kommen.

Sie sehen also: Sich Klarheit über den Tod zu verschaffen, bedeutet in Wahrheit, sich überhaupt erst richtig mit dem Leben zu befassen. Dag Hammerskjöld, der verstorbene Generalsekretär der Vereinten Nationen, hat das sehr treffend zum Ausdruck gebracht. Er sagte:

»Wenn man der Sache auf den Grund geht, ist es unsere Vorstellung vom Tode, die über unsere Antworten auf alle Fragen, die das Leben stellt, entscheidet.«

Aber läßt dieser Ausspruch nicht schon die Hilflosigkeit auch der ernsthaft denkenden Menschen erkennen? Selbst wenn wir wissen, daß dieses Leben nur eingespannt ist zwischen die Pole des

Vorher und Nachher, so leben wir doch jetzt und hier, und jetzt und hier brauchen wir Klarheit darüber, wo denn die Antworten auf die Fragen des Lebens zu finden sind.

Sie mögen sagen: Wozu haben wir denn die Religionen. Ihre Lehren waren tatsächlich ursprünglich von seiten ihrer Bringer alle geeignet, uns Stütze zu sein und zu der ihnen gemeinsamen Wahrheit zu führen. Doch da sie nicht von Anbeginn an schriftlich überliefert wurden, sind Mißverständnisse eingeflossen. Immer hat das eigene Begreifenkönnen jener, die etwas weitergaben, etwas daran verändert, verengt. Im Laufe der Jahrhunderte hat man schließlich den Inhalt immer mehr den menschlichen Wünschen angepaßt und das Bild so zugerichtet, wie wir es sehen wollen. Ich darf Sie, als Beispiel, etwa daran erinnern, daß die so entscheidend wichtige Lehre von der Reinkarnation, der Wiedergeburt als Mensch, durch die ja die Liebe und Gerechtigkeit Gottes uns Menschengeistern erst verständlich wird, erst im Jahr 553 beim Konzil zu Konstantinopel aus den christlichen Bekenntnissen gestrichen wurde, und zwar auf ausdrückliches Verlangen des Kaisers Justinian I aus rein politischen Gründen.

Und nun überlegen Sie doch bitte: Hätten sich damals nur einige wenige Männer anders entschieden, so wäre auch für die abendländische Menschheit die Reinkarnation eine Selbstverständlichkeit. Es wäre dann nicht nötig, gegen Mauern des Zweifels und der Vorurteile anzurennen, um unser Denken aus jener entsetzlichen Verengung zu befreien, in die es allein durch diesen unseligen Beschluß geraten ist, der uns den Ausblick auf die Zusammenhänge und auf die Weite unseres Seins geraubt hat. Sie sehen also schon an diesem Beispiel:

Der Mensch hat sich angemaßt, zu bestimmen, was wahr sein darf! Daher die Ungereimtheiten und Lücken, die so viele denkende Menschen daran hindern, die Glaubenslehren in vollem Umfange anzunehmen. Wahrheit aber muß als Ganzes überzeugen. Vor ihr kann es keine Vorbehalte geben.

Was uns aus allen Weisheitslehren verblieben ist, sind Ermahnungen und Verhaltensregeln. Die meisten davon haben hohen sittlichen Wert. Aber es fehlt ihnen jener Zusammenhalt, der daraus ein Weltbild gestalten könnte, ein Weltbild, das imstande ist, uns Antwort auf jene Fragen zu geben, um die wir einfach nicht herumkommen. Es sind dies:

1) die Frage nach dem Sinn unseres Daseins,

2) jene, wie wir einen solchen Sinn erfüllen können.

Sie mögen lächeln und sich denken: Sonst

nichts? Ich bin mir durchaus bewußt, daß die bedeutendsten Denker sich seit je die Köpfe darüber zerbrochen haben. Aber was ist dabei herausgekommen? Vielfach nur widerstreitende philosophische Lehrmeinungen, mehr dazu bestimmt, die intellektuelle Spitzfindigkeit ihrer Väter unter Beweis zu stellen, als eine echte Lebenshilfe zu geben. Dabei sind, das wage ich zu behaupten, die Antworten gar nicht so schwer zu finden; sie sind auch gar nicht so verwickelt und kompliziert, wie es uns erscheint. Alles Wahre ist im Grunde nämlich einfach. Gerade in der Einfachheit, die eine Folge der Einheitlichkeit des Ganzen ist, liegt die wahre Größe. Wir wissen doch heute – um nur einige Beispiele zu nennen –, daß die ungeheuere Fülle der Verschiedenartigkeit an Pflanzen, Tieren und Menschen ihre Grundlage in den gleichen vier genetischen Bausteinen hat, daß die Zellen in Pflanze, Tier oder Mensch in gleicher Weise aufgebaut sind, daß jede Zelle, in welchem Organ sie auch enthalten sein mag, stets den Bauplan des Ganzen enthält; wir wissen, daß Arme, Beine, Flügel oder Flossen aus dem gleichen Grundmuster hervorgegangen sind; wir wissen, daß innerhalb eines Atomes die gleichen Kräfte mit ähnlichen Eigenschaften wirksam sind wie zwischen den Sonnensystemen. Lehrt uns das nicht, daß einheitliche

Gesetze allem zugrunde liegen? Daß nur die Abwandlung ihrer Auswirkungen die uns verwirrend erscheinende Vielfalt hervorruft?

Was wir also brauchen, ist die Zusammenschau. Deshalb muß ich wieder auf die Gralsbotschaft »Im Lichte der Wahrheit« zu sprechen kommen. Es würde zu weit führen, hier auf die Bedeutung des Heiligen Grales eingehen zu wollen. Für unsere Vorstellung verbindet sich damit der Begriff von etwas Hohem, Heiligem. Das möge genügen, um die Herkunft jenes hilfreichen Rufes erspüren zu lassen, der damit an die Menschheit ergangen ist, und ein Ahnen zu vermitteln von der Höhe dieser Schau, die unvergleichlich weit über allem liegt, das uns in anderweitigen Jenseitsschilderungen geboten wird. Daher konnte der Verfasser auch sagen:

> *»Ich will die Lücken füllen, die in Menschenseelen bisher unbeantwortet geblieben sind und jedem ernsthaft Denkenden nie Ruhe lassen, wenn er ehrlich nach der Wahrheit sucht«.*

Ich habe einiges von dem, was in der Gralsbotschaft gesagt wird, als Grundlage für die Erklärung über das Wesen des Todes und den Vorgang des Sterbens verwendet. Doch diese Botschaft enthält und sagt uns viel mehr. Sie nimmt uns nicht nur die Angst vor dem Tode, sie nimmt uns – was noch viel wichtiger ist – die Angst vor dem Leben. Sie werden, wenn Sie sich mit diesem Werk befassen sollten, die Richtigkeit des in seiner Bedeutung gar nicht auszulotenden Satzes erleben, der den Inhalt dieses Werkes umreißt und der da lautet:

»Ich schlage Euch mit meiner Botschaft nun das Buch der Schöpfung auf!«

Ich kann, wie Sie gewiß verstehen werden, ein Weltbild von so ungeheurer Weite, das auch unseren Weg in dieser Schöpfung aufzeigt, nicht im Rahmen eines Vortrages vor Ihnen ausbreiten. Ich muß mich auch weiterhin auf das Wichtigste beschränken. Dieses Wichtigste scheint mir, wie schon gesagt, die Frage nach dem Sinn unseres Lebens zu sein. Ihretwegen verzweifeln ja so viele Menschen, weil sie eine Antwort nicht finden können, flüchten in Exzesse, in die Schweinwelt des Rauschgiftes, werfen sich den Irrlehren religiöser Gaukler in die Arme oder setzen leichtfertig dieses ihnen sinn- und daher wertlos erscheinende Leben aufs Spiel, ja werfen es gar von sich.

Aber sagt uns denn nicht schon ein Blick in diese Schöpfung, daß alles darin einen Sinn hat? Die

Ökologie, die Wissenschaft vom natürlichen Zusammenwirken, zeigt uns doch, wie eines in das andere greift, sich ergänzt und fördert. Alles erfüllt in diesem Wechselspiel des großen Schöpfungshaushaltes die ihm zugewiesene Rolle. Wie könnte man da annehmen, daß just der Mensch in diesem Gefüge funktionslos sei?

Jede Suche nach dem Sinn des Lebens aber läuft, sofern sie nicht zu rein nihilistischen Ergebnissen gelangt, leicht Gefahr, sich in nur abstrakten Vorstellungen zu bewegen. Wir wollen dennoch den Boden unter den Füßen nicht verlieren. Das haben wir gar nicht nötig, weil selbst das Größte sich stets im Kleinen spiegelt und alles, worin die große Wahrheit dieser Schöpfung liegt, uns hier schon abbildhaft umgibt. Sie werden gewiß schon bemerkt haben, daß ich immer wieder auf uns allen bekannte Erfahrungen oder auf naturwissenschaftliche Erkenntnisse verwiesen habe. Ich tue dies, weil Sie daraus ersehen sollen, daß die Vorgänge, um die es uns hier geht, nach genau den gleichen Gesetzen ablaufen.

Ich sagte vorhin schon, daß der Kern des Menschen, sein eigentliches Ich, Geist ist. Nun hieß es aber in jener Textstelle, die ich Ihnen zur Verdeutlichung dieses Begriffes zitiert habe, daß die geistige Welt höher liegt und den oberen, leichtesten Teil der Schöpfung bildet. Was haben wir als Geistgeschöpfe demnach hier im Irdischen zu schaffen?

Die Unzulänglichkeit unserer Einrichtungen, unseres menschlichen Tuns trägt die Antwort schon in sich: Der Mensch ist kein vollentwickelter Geist. Sein Geistkern ist ein Samenkorn, ein geistiger Keim. Wie jedes Samenkorn enthält es die vollen Möglichkeiten seiner Art, aber es bedarf dazu der allmählichen Reifung.

Was macht nun die Natur, damit ein Pflanzensame reift? Sie wurzelt ihn ein in die Erde. Die vielfältigen Kräfte, die dadurch auf ihn wirken, fördern und stärken ihn.

Ebenso hat es der Schöpfer mit uns gemacht. Als Samenkorn sind wir in diese Erdenwelt gesenkt. Von der pflanzlichen Reifung unterscheidet uns nur die Art. Wir sind im Stoffe zur Reifung unserer Eigenart, des Geistes. Das irdische Erleben mit seiner steten Notwendigkeit zur Überwindung stofflich bedingter Schwierigkeiten – denken Sie doch etwa an das Sprichwort »Der Geist ist willig, doch das Fleisch ist schwach« – soll uns helfen, die Kraft des Geistes in uns zu erkennen und für bewußte Betätigung zu stärken. Wie vielsagend ist es doch angesichts der grundsätzlichen Gleichheit der Naturgesetze, daß wir sogar physisch die Reibung mit dem Stoffe brauchen, um Schritt vor Schritt zu setzen, um voranzukommen. Und nur hier, in dem Mantel dieser dichtstofflichen Körperlichkeit ist es auch, wie ich vorhin schon sagte, möglich, daß Menschen verschiedener geistiger Reifestufen auf gleicher Ebene zusammen leben können. Das aber bietet uns eine Erlebnisvielfalt wie nirgendwo in anderen Sphären. Und diese Erlebnisvielfalt ist es, die das Reifenkönnen erleichtert und das Erdenleben so bedeutsam macht.

Aber wohin soll diese Entwicklung uns letztlich führen? Die Antwort ergibt sich aus unserer Beschaffenheit: In das unserer Art entsprechende geistige Reich, das wir aber nur voll gereift erreichen können.

Betrachten Sie doch bitte den Aufbau der Schöpfung. Fangen wir gleich bei uns selber an: Die Organellen in jeder Zelle sind selbständige Industrien, zugleich aber Teil der Ganzheit der Zelle, die ihrerseits wieder Teil von Geweben ist. Die Gewebe bilden Organe, die ihrerseits Teil von Organverbänden sind. Diese ergeben schließlich den Körper. Der Mensch ist seinerseits ein selbständiges Geschöpf und doch Teil der Familie; diese ist Teil einer Gruppe, die über das Dorf, das Volk, die Rasse, schließlich die ganze Menschheit umfaßt. Alles ist eingebettet in diese hierarchische Stufenordnung, die in der stofflichen Welt von den Elementarteilchen über Atome und Moleküle hinaufreicht bis zu den Weltenkörpern, den Sonnensystemen, den Galaxien.

In dieser Gliederung finden wir nun überall die Doppelfunktion alles Seienden, nämlich sowohl ein eigenständiges Ganzes, wie auch Teil einer größeren Ordnung zu sein. Das bringt zwei scheinbar widerstreitende Notwendigkeiten mit sich: Die Selbstbehauptung der eigenen Ganzheit und zugleich ihre Einfügung, die Integration in einen größeren Verband. Dazu möchte ich Ihnen aus dem jüngsten Buch des Wissenschaftsphilosophen Arthur Köstler* zitieren. Er schreibt:

»Es ist die Konstellation Selbstbehauptung kontra Integration... in der Biologie, der Psychologie, der Ökologie und überall dort gegenwärtig, wo wir komplexen hierarchischen Systemen begegnen, also praktisch: Wohin wir auch blicken. Im lebenden Tier oder der lebenden Pflanze muß jeder Teil seine Individualität genauso durchsetzen wie im Sozialgefüge, weil der Organismus sonst seine Struktur verlieren und zerfallen würde. Gleichzeitig aber muß sich jeder Teil der Forderung des ganzen beugen. In einem gesunden Organismus und einer ge-

* »Der Mensch – Irrläufer der Evolution«, Scherz-Verlag Bern / München

sunden Gesellschaft sind die beiden Tendenzen auf allen Stufen der Hierarchie ausgeglichen«.

Hierin liegt die Bestätigung dessen, was uns in der Gralsbotschaft aufgezeigt wird. So wie es für alles Irdische der Fall ist, gilt es auch für uns, auf jeder Stufe unserer geistigen Entwicklung mit den bis dahin zur Entfaltung gebrachten Fähigkeiten unseres Geistes uns als Persönlichkeit in die Gemeinschaft einzufügen. Nicht wenige Menschen meinen, das Endziel unseres Weges wäre das Nirwana, die gänzliche Auflösung unseres Ich in einer alles umfassenden Kraft. Die irrige Auffassung, das Ich sei etwas Vernichtenswertes, konnte nur entstehen, weil wir es hier auf der niedrigen irdischen Stufe zumeist nur als Selbstsucht, als Egoismus kennen. Wie aber hieß es vorhin bei Köstler: »In einem gesunden Organismus und einer gesunden Gesellschaft sind die beiden Tendenzen auf allen Stufen der Hierarchie ausgeglichen.« Leiten wir die uns in der Schöpfungsordnung zugewiesene Aufgabe also nicht aus dem fehlerhaften Ist-Zustand, sondern aus dem gesunden Soll-Zustand ab. Daraus ergibt sich, daß unser Daseinsziel nur darin liegen kann, als vollgereifter Geist persönlich bleibend an dem Getriebe dieser Schöpfung mitzuwirken. Je bewußter wir auf dem Wege dorthin werden, desto leichter fällt uns doch die Einfügung, da wir immer mehr erkennen, daß diese Ordnung der Schöpfung so vollkommen ist, daß in ihr dienend mitzuwirken zugleich den höchsten Eigennutz bedeutet. Aus freiem Wollen sind wir dann bereit, die große Ordnung mit zu verwirklichen, weil darin für uns selbst Beglückung liegt.

Wenn wir das einmal richtig durchempfinden, so muß uns klar werden, daß es für den Menschengeist gar nichts Schöneres geben kann als das freiwillige Dienen. »Frei-willig« heißt doch, ungehindert von Bindungen – von denen noch zu sprechen sein wird – dem eigenen Wollen folgen zu dürfen, also aus innerster Überzeugung zu handeln. Allein schon diese Freiwilligkeit befreit den Begriff des Dienens von dem ihm anhaftenden Ruch sklavischer Unterwerfung unter fremden Willen, befreit ihn auch von dem Anschein geistiger Passivität. Es ist ein freudig-aktives, bewußtes Zu-etwas-Dienen, ein Nützlichsein für einen außerhalb der eigenen Person gelegenen umfassenderen Zweck. Dieses Verlangen nach Nützlichkeit steckt doch zutiefst in jedem von uns. Ist es für den Arbeitslosen, für den alten Menschen nicht das Schlimmste, keine Aufgabe vor sich zu sehen, nicht mehr gebraucht zu werden? Hierin zeigt sich doch, wie sehr unser Geist die Erfüllung seiner Bestimmung ersehnt!

Die gereifte Heimkehr in den Ursprung unserer

Art, in die hohe, lichte Welt des Geistes, ist also das eigenpersönliche Ziel, das jedem von uns gesetzt ist. Zugleich aber ergibt sich daraus auf jeder Stufe die Aufgabe für die Gemeinschaft. Denn ausgestattet mit dem entwicklungsträchtigen Kern einer höheren Art, ist der Mensch schon hier befähigt und berufen, das Bindeglied zu sein zwischen den stofflichen Welten und dem geistigen Reich. Er soll die Brücke bilden, über die Schönheit und Harmonie jener höheren Welt erhebend und veredelnd bis in das Irdische fließt. Die wahre Kunst, die die Zeiten überdauert, ist ein Beispiel für die Erfüllung dieser Aufgabe. –

Und ist es nicht auffallend: Unbeirrt von aller Niedrigkeit, ungeachtet all des Grauenvollen, das der Mensch im Laufe seiner Geschichte dem Menschen zugefügt hat und immer noch zufügt, verbindet sich für uns der Begriff von Menschlichkeit immer noch mit der Vorstellung von Nächstenliebe, Würde und Edelsinn. Unzerstörbar eingeprägt ist nämlich dem Menschengeiste dieses keimhaft vorgezeichnete Bild seiner höheren Daseinsbestimmung, zu der er sich zu entwickeln hat.

Nun haben wir zwar die Antwort gefunden auf die Frage nach dem Sinn unseres Lebens. Es bleibt aber noch zu klären, wie wir zu seiner Verwirklichung gelangen können.

Denn darin liegt in Wahrheit unser menschliches Problem: Daß wir von jener großen Ordnung, die uns freudige Selbstverständlichkeit werden muß, kaum etwas wissen. Und dafür liegt die Schuld bei uns. Die Schöpfung selbst ist die Sprache, mit der der Schöpfer zu uns spricht. Aber so wie ein Kind die Sprache seiner Eltern erlernen muß, um zu wissen, was sie von ihm wollen und was es soll, muß sich der Mensch um das Verständnis dieser Sprache bemühen.

Deshalb ruft der Verfasser der Gralsbotschaft uns zu:

»Lernt die Schöpfung in ihren Gesetzen richtig kennen! Darin ruht der Weg hinauf zum Licht!«

Allein schon der Aufblick zum bestirnten Firmament belehrt uns, daß die Weltenkörper nach unveränderlichen – und nur deshalb von uns berechenbaren – Gesetzen ihre Bahnen ziehen. Hier, in den alles Bestehende ordnenden und erhaltenden Gesetzen, von denen ja auch wir hier ringsum umgeben sind, finden wir den untrüglichen Halt, den wir überall sonst vermissen müssen. Wie könnten wir da noch zweifeln an der Richtigkeit des in der Gralsbotschaft enthaltenen Satzes:

»Der Mensch, welcher die Schöpfung kennt in ihrer gesetzmäßigen Tätigkeit, versteht darin auch bald den großen Gotteswillen.«

Und eben diesen Gotteswillen zu erkennen, ist für uns unumgänglich. Aber ist es nicht seltsam: In unseren Strafgesetzbüchern ordnen wir an, daß Unkenntnis der Gesetze vor Strafe nicht schützt. Das heißt: Wer gegen die bestehenden Normen verstößt, hat jedenfalls die Folgen zu tragen; es ist seine Schuld, wenn er sich um die Gesetzeskenntnis nicht bemüht hat.

Und selbst wenn wir – um nur ein Beispiel zu nennen – jemandem die Berechtigung zum Lenken eines Kraftfahrzeuges erteilen, verlangen wir, daß er zuvor durch eine Prüfung die Kenntnis der einschlägigen Gesetze nachzuweisen hat, weil wir der Ansicht sind, daß er anderenfalls zu einer Gefahr für sich und die anderen werden würde.

Wie vernünftig, wie einsichtsvoll sind wir doch in diesen Belangen! Kommt uns dabei nicht in den Sinn, daß auch der Schöpfer so weise sein könnte wie wir und auch für uns gegenüber den Gesetzen dieser Schöpfung der gleiche Grundsatz Geltung haben könnte?

Aber wie haben wir es bisher gehalten? Wir haben die Befassung mit diesen Gesetzen, weil wir sie als Naturgesetze angesehen haben, den Wissenschaftlern überlassen. Uns haben sie bestenfalls so weit interessiert, als wir sie technisch nutzen konnten. Wir haben es aber versäumt, daraus die Lehren für uns als Geistgeschöpfe zu ziehen. So meint auch der Physiker Walter Heitler, Professor der Universität Zürich*: »Es ist Zeit, daß wir anfangen, uns der metaphysischen Fragen bewußt zu werden, die hinter den Naturgesetzen stecken.«

Allein in den letzten drei Jahrzehnten hat sich unser Wissensstand verdoppelt. Spezialgebiete beginnen zusammenzuwachsen, eine große Einheit wird sichtbar. Hier und dort finden wir schon Ansätze zu einem Ganzheitsdenken. Immer mehr kommt man zur Erkenntnis der Richtigkeit des in der Gralsbotschaft schon längst niedergelegten Satzes: »Alles ist ja wechselwirkend in der Schöpfung«. Auch die Wissenschaftler sprechen jetzt von einer »vernetzten« Welt. Wir können nicht länger so tun, als ginge uns dieses Netzwerk nichts an. Wir sind darin eingeflochten, nicht nur körperlich-physisch, sondern auch mit unserer menschengeistigen Existenz, weil die durchlaufende Gültigkeit aller

* »Der Mensch und die naturwissenschaftliche Erkenntnis«, Verlag Friedr. Vieweg u. Sohn/Braunschweig

Schöpfungsgesetze vor uns nicht Halt macht. Nur die Auswirkung dieser Gesetze betrifft einmal das Irdische, dann das Feinstoffliche oder das Geistige, immer entsprechend der betreffenden Art.

Wir wissen sogar längst um diese Einheitlichkeit, wir haben sie nur vergessen. Sie alle kennen doch die bekannten Worte: »Wie die Saat, so die Ernte«, »Wie man in den Wald hineinruft, so schallt es zurück« oder »Wer nicht hören will, muß fühlen«. Sie sind alle nichts anderes als eine auf Kurzform gebrachte Erfahrung, die der Mensch mit dem Gesetz der Wechselwirkung gemacht hat, einer der wichtigsten und grundlegendsten Gesetzmäßigkeiten der Schöpfung. Niemand wird bestreiten wollen, daß den erwähnten gleichnishaften Bildern auch ein übertragener Sinn innewohnt, daß also ganz bewußt stoffliches und geistiges Geschehen hier gleichgesetzt wurde.

Erst vor wenigen Jahrzehnten hat man erkannt, daß diese Gesetzmäßigkeit sogar noch eine viel weitergehende Bedeutung hat. Es liegt darin nämlich auch eine Selbstregulierung, die letztlich für die Einhaltung einer unveränderlichen Ordnung sorgt.

Norbert Wiener, der als erster die technische Nutzung dieses Prinzips ermöglichte, prägte dafür, abgeleitet von dem griechischen Wort »kybernetes«, das soviel wie »Steuermann« bedeutet, die Bezeichnung Kybernetik. Er war sich dabei im klaren, daß er in den von ihm erdachten Maschinen, den Computern, Wirkungsweisen nachbildete, die den Lebewesen zu eigen sind. Er nannte seine Schrift daher auch »Kybernetik oder die Nachrichtenübertragung in Lebewesen und Maschinen«. Er hatte aber nicht bedacht, daß alles, was sich in Lebewesen abspielt, eine Gesetzmäßigkeit schlechthin des Lebendigen ist. Was aber könnte lebendiger sein als diese Schöpfung in ihrer Gesamtheit, die vom Größten bis zum Kleinsten erfüllt ist von unaufhörlicher Bewegung. So kam man nach und nach darauf, daß diese selbsttätigen Steuerungsvorgänge überall anzutreffen sind, und zwar nicht nur im gesamten Haushalt der Natur, sondern auch zwangsläufig den menschlichen Einrichtungen innewohnen, ja sogar geschichtliche und wirtschaftliche Abläufe, gesellschaftliche Strukturen, das Spiel, die Sprache, die Rechtsordnung und die zwischenmenschlichen Beziehungen bestimmen. Kurz, es gibt nichts, das sich nicht auf das Wirken dieser selbsttätigen Regelung zurückführen ließe, ganz einfach deshalb, weil ja alles aus der Lebendigkeit dieser Schöpfung hervorgegangen ist und nur durch sie bestehen kann. Wir haben damit also ein Grundgesetz des ganzen Schöpfungsgetriebes vor uns und damit eine vortreffliche Möglichkeit, anschaulich zu machen, was es bedeutet, die Schöpfung in ihren Gesetzen kennenzulernen. Sie werden sehen, wie viele grundlegende Fragen darin ihre Antwort finden.

Wir machen uns die kybernetischen Gesetzmäßigkeiten bei allen Arten von Automateneinrichtungen und Steuercomputern zunutze, die aus unserer heutigen Lebensweise kaum noch wegzudenken sind. Sie müssen daher nicht Techniker sein, um das darin waltende Prinzip zu verstehen. Denn ob Sie nun bei Ihrem Kühlschrank oder Ihrer Zentralheizung die gewünschte Temperatur, bei Ihrer Waschmaschine oder Ihrem Geschirrspüler ein bestimmtes Programm einstellen, oder ob ein Elektronengehirn eine Fülle von Daten zur Beibehaltung eines vorgegebenen Zieles kombiniert, ist nur eine Frage der Größenordnung, nicht aber des Prinzips. Es ist Ihnen gewiß bekannt, daß man derartige Einrichtungen »programmieren« muß. Da wie dort besteht das Wesen des Prinzips nun darin, daß dieses »Programm«

a) unbedingt
b) bestmöglich

verwirklicht wird, indem alle den Programmablauf störenden Einflüsse eine selbsttätige Rückwirkung auslösen, die die Störung wieder beseitigt. Und nun übertragen wir doch dieses Prinzip, das wie gesagt in allen Arten von Vorgängen anzutreffen ist und von uns ja nur technisch nachgebildet wurde, auf die Ganzheit der Schöpfung. Erscheinen uns da nicht die Naturgesetze, die wir nur entdecken, zur Kenntnis nehmen, aber nicht verändern können, als das »Programm«, nach dem alles Geschehen in diesem Schöpfungsgetriebe abläuft? Woher aber kommt dieses Programm? Es entsteht ja nicht von selbst, es muß, wie wir wissen, einen »Programmierer« geben. Muß uns da nicht der Schöpfer als Derjenige erscheinen, der dieses Programm entworfen und der Schöpfung eingegeben hat? Wenn der Mensch einen Steuercomputer programmiert, dann tut er dies nach seinem Willen, d. h. er gibt also in Form des »Programms« seinen Willen ein. Das nach den gleichen Gesetzen selbsttätiger Steuerung ablaufende Weltgetriebe trägt daher den Willen Gottes in sich; SEIN Wille ist es, der uns als Naturgesetz erscheint.

Erinnern Sie sich nun bitte, daß es zum Wesen der Steuerungsmechanismen gehört, daß sie die bestmögliche Zielerreichnung gewährleisten. Wenn uns das bei einem Computer gelingt, müssen wir da – auf das große Bild übertragen – nicht erst recht folgern, daß dies auch dem Schöpfer möglich war? Daß also die Schöpfungs- oder Naturgesetze das Bestmögliche vorsehen? Das aber eröffnet uns einen ganz neuen, ungeheuren Blickpunkt: Denn das Beste, das Optimale, ist ja das Höchsterreichbare und daher das Vollkommene. In diesen Naturgesetzen zeigt sich also die Vollkommenheit Gottes. Dadurch erklärt sich auch ihre Unverrückbarkeit. Denn das Vollkommene ist nicht mehr verbesserungsfähig. Jede Veränderung könnte nur nachteilig sein. Deshalb erfahren wir überall dort Rückschläge, wo wir dieses Vollkommene korrigieren wollen.

Aber zeigt uns das nicht auch, wie falsch unser Bild von Gott bisher war? Da ist kein Platz für die Vorstellung von dem alten Herrn, der auf unser Bitten und Betteln hin sich bewegen ließe, Nachsicht oder Wohlwollen zu verschenken. Das Bild, das diese Welt unverkennbar von IHM bietet, ist ungleich größer, machtvoller und erhabener als jenes, das unser kleines Menschendenken sich ersinnen konnte. Gottes Allmacht besteht demnach nicht in einem beliebigen »Tun-und-lassen-Können«, das sich für uns mit der Vorstellung von Macht verbindet; es ist die all-umfassende Macht, der sich infolge ihrer unverrückbaren Vollkommenheit auf Dauer nichts entgegenstellen kann.

Dieses schöpfungsweite Grundgesetz der

selbsttätigen Steuerung, die jede Störung wieder zu beheben trachtet, erklärt aber auch den Begriff des Schicksals. Es ist die ausgleichende Rückwirkung dessen, was wir selbst veranlaßt haben. Auch hier sehen wir, daß die Unkenntnis der Gesetze uns nicht vor den Folgen schützt; nur die Einsicht in den Fehler wird uns dadurch leichter fallen, wenn wir ihn nicht bewußt begangen haben. Wir brauchen uns bei diesen Überlegungen gar nicht im Abstrakten zu bewegen, denn Beispiele dafür finden wir in allen natürlichen Vorgängen. Wenn Sie sich etwa entschließen, einen 100-m-Lauf zu machen, so können Sie nicht verhindern, daß Sie, wenn Sie am Ziele angekommen sind, keuchen werden. Sie haben durch die Anspannung des Laufens die für Ihren Körperhaushalt optimale Luftzufuhr vermindert, und nun erzwingt dieser selbsttätig den Ausgleich. Sie brauchen die Größenordnung dieses Beispieles nur im Rahmen der schöpfungsweiten Steuerungsgesetze zu verändern, um die Antwort zu finden auf die Frage der menschlichen Willensfreiheit und des Schicksals. Wir sind, so zeigen uns diese Steuerungsgesetze, zwar frei im Entschluß, aber an seine Folgen gebunden. Da wir aber im Laufe unseres Seins – ich spreche hier bewußt nicht nur von diesem Erdenleben – schon unzählige Entschlüsse gefaßt haben, deren Folgen sich nicht immer so unmittelbar wie in dem vorangeführten Beispiel ergeben, sehen wir uns oft durch einen unausweichlichen Zwang solcher Rückwirkungen gebunden, beengt. Wir zweifeln dann an der Willensfreiheit, sprechen von Abhängigkeit, vom Schicksal. Was uns infolge seiner Unausweichlichkeit als solches erscheint, ist aber nichts anderes als die Rückwirkung unseres eigenen Empfindens, Denkens und Tuns, die uns »geschickt« wird zum Ausgleiche dessen, was wir in der großen Ordnung der Schöpfung verwirrt und verknotet haben. Auch bei einem Bindfaden können Sie einen Knoten ja nur dadurch lösen, daß Sie ihn wieder durch jene Schlinge ziehen, durch die er entstanden ist. Deshalb ist der Selbstmord auch niemals ein Ausweg aus bestehenden Schwierigkeiten, denn er enthebt den Betroffenen nicht von der Notwendigkeit, die selbstgeschürzten Knoten zu lösen. Er belastet ihn vielmehr noch mit der zusätzlichen Schuld, das Geschenk des Reifendürfens mißachtet zu haben. Denn die Unbill, die uns wie eine Strafe erscheint, hat ja letztlich einen viel weitergehenden Sinn: Es ist ein Aufruf an unsere Einsicht mit dem Ziele, uns wieder zurückzuleiten auf den für uns einzig richtigen Weg, den zu unserem Schaden zu verlassen wir im Begriffe waren. Es handelt sich also um den fürsorglichen Anstoß zu einer Kurskorrektur. In dieser Rückwirkung, die jedem bringt, was er selbst augelöst hat, liegen somit zu untrennbarer Einheit verbunden zugleich die Gerechtigkeit und die Liebe Gottes. ER hat das SEINE schon von Anbeginn getan, indem er seinen Willen, der auch für uns das Beste vorsieht, als Gesetz in diese Schöpfung legte. Es ist an uns, die uns dadurch gewährten Möglichkeiten endlich wahrzunehmen, denn *darin* liegt Gottes allzeit gegenwärtige Gnade, die wir nur ergreifen müssen.

Eben dieses unverrückbar selbsttätige Wirken der Schöpfungsgesetze, die darin immer für uns bereitliegenden Hilfen, aber auch die Notwendigkeiten, die sich für uns daraus ergeben, schildert und erläutert uns die Gralsbotschaft »Im Lichte der Wahrheit«. Die Entdeckung der Steuerungstechnik, der Kybernetik, hat die Richtigkeit dieser Darlegungen bestätigt und damit auch die Bedeutung des dort enthaltenen Satzes:

> *»Frei ist nur der Mensch, der in den Gesetzen Gottes lebt!«*

Die Begründung ist für uns jetzt schon einsehbar geworden: Nur ein solcher Mensch kann, wie das Gesetz der selbsttätigen Wechselwirkung uns lehrt, schmerzliche, seine Willensfreiheit einengende Rückwirkungen vermeiden und der in den Gottgesetzen liegenden Förderung voll teilhaftig werden. Daher konnte auch Jesus, der von seinem Ursprunge her selbst ein Teil der in diesen unverrückbaren Gesetzen liegenden Wahrheit war, nicht nur sagen: »Ich *bin* die Wahrheit und das Leben«, sondern auch: »Wer nicht für mich ist, ist gegen mich«, weil alles, was sich diesen Gesetzen nicht einfügt, den in steter Bewegung befindlichen »Programmablauf« dieser Schöpfung stört.

Es lassen diese Gesetze uns daher auch erkennen, daß wir nicht unbegrenzt lange zu einem einsichtslosen Störer der großen Harmonie der Schöpfung werden dürfen. Die ökologischen Abläufe, die sich ja nach denselben Gesetzen vollziehen, zeigen deutlich, daß eine falsche Entwicklung, einmal begonnen, sich immer mehr beschleunigt und schließlich einem Punkte zutreibt, ab welchem die Katastrophe unausweichlich ist. Schon vor einigen Jahren haben führende Wissenschaftler in ihrem Bericht an den »Club of Rome« darauf hingewiesen. Und wie halten wir es denn in unseren Ausbildungssystemen? Wir gestatten einem Schüler, der das Lehrziel nicht erreicht hat, Prüfungen, ja sogar die Klasse zu wiederholen. Aber einmal hat es für den, der diese Möglichkeit nicht zu nutzen weiß, ein Ende. Das vorgegebene Ziel muß innerhalb einer bestimmten Zeit erreicht werden. Wäre es anders, hieße dies nur Faulheit und Lernunwilligkeit fördern. Halten wir doch den Schöpfer nicht für weniger weise als uns, die wir nur nachbilden können, was in der Schöpfung schon vorhanden ist. Auch uns ist durch die Reinkarnation, die Wiedergeburt, die Möglichkeit gegeben, Fehler, die wir im Stofflichen begangen haben und die daher auch hier wieder gelöst werden müssen, auszugleichen. Daß wir uns an frühere Leben – das sei hier nur am Rande erwähnt – tagbewußt nicht zu erinnern vermögen, hat überhaupt nichts zu besagen. Denn die tagbewußte Erinnerung wird gebildet durch die Einlagerung von Eiweißstoffen in unserem Gehirn. Dieses Gehirn aber zerfällt beim Körpertod. Was wir jedoch erlebt haben, was uns formte, ist eingegangen in unseren Geist, es macht unsere Neigungen, unsere Befähigungen, kurz, unsere Persönlichkeit aus, mit der wir in ein neues Leben treten oder, besser gesagt, unser Dasein weiterführen. Aber – und hier darf ich nach dieser kurzen Abschweifung wieder zurückkehren zu dem vorhin Gesagten – alles weist darauf hin, daß wir nicht unbegrenzt Zeit zu einem einsichtsvollen Lernen haben. So gesehen erscheint es bezeichnend, daß die Tagung des »Club of Rome«, die 1979 im Juni in Salzburg stattfand, sich mit der Notwendigkeit des

Erlernens der schöpfungsweiten Zusammenhänge befaßte, ohne welche der Fortbestand der Menschheit in Frage gestellt erscheint. Damit aber schließt sich ein ungeheurer Kreis, verbinden sich Jenseits und Diesseits zum gleichen Aufruf. Denn eben diese Mahnung wurde ja auch jenen gegeben, die schon kurzzeitig ins Jenseits blickten und sie deckt sich mit den schon zitierten Worten der Gralsbotschaft:

»Lernt die Schöpfung in ihren Gesetzen richtig kennen!«

Diese Gesetze sind ja nicht ein erklügeltes Denksystem, wie es Theologie und Philosophie uns bieten, sondern unverrückbare, unbestreitbare, lebendige Wirklichkeit. Dadurch – und nur dadurch – kann, was man mit einem hintergründigen Doppelsinn als »Glauben« zu bezeichnen pflegt, uns zur Überzeugung werden, weil dieser Glaube tagtäglich durch die Gesetze dieser Schöpfung bestätigt wird. So finden wir auch als ersten Satz in der Gralsbotschaft die Worte, die jedem Suchenden das Beste verheißen, das ihm widerfahren kann:

»Die Binde fällt, und Glaube wird zur Überzeugung.«

Das ist ein ganz neuer Ton in Glaubensdingen. Ein Ton, für den unser Ohr gerade in dieser Zeit, in welcher die durch unser Unverständnis verursachte Wirrsal überall auf uns zurückschlägt, besonders geöffnet sein sollte, denn wie könnten wir anders noch den Ausweg finden?

Manchem mag diese selbsttätige Unabdingbarkeit der Gesetze, weil sie – in unserem Interesse – fordernd sind, hart, ja erschreckend erscheinen. Aber kennen wir nicht alle die Sprichwortweisheit: »Gottes Mühlen mahlen langsam, aber sicher«?

Was hier als »die Mühlen Gottes« bezeichnet wird, ist doch nichts anderes als das Naturgesetz der Wechselwirkung, und das sichere Eintreffen der Wechselwirkung gibt Zeugnis von ihrer Unabdingbarkeit. Die Entdeckung der Steuerungstechnik und ihre Übertragung auf das Schöpfungsganze bestätigen daher in modernem, technischem Gewand nur ein uraltes Erfahrungswissen. Es sagt uns, daß diese Übertragung auch auf außerstoffliches Geschehen nicht nur zulässig, sondern sogar, daß sie richtig ist.

Diese im Grunde jedoch liebevolle Härte ist zugleich aber ein Prüfstein für die Ernsthaftigkeit, die Sie selbst diesen Fragen entgegenbringen. Denn hier gilt es zu entscheiden: Wollen Sie Gott nach Ihrem Bilde formen oder SEINEN Willen zur

Kenntnis nehmen? Der Verfasser der Gralsbotschaft hat deshalb schon in seinem Geleitwort geschrieben:

»Ich spreche nur zu denen, welche ernsthaft suchen.«

Von Ihnen, die Sie meinen Ausführungen über Grundfragen unseres Daseins gefolgt sind, darf ich annehmen, daß diese Ernsthaftigkeit vorhanden ist.

Ich kann mir gut vorstellen, daß Sie jetzt noch manche Fragen haben. Ich konnte im Zuge dieses Vortrags ja nur auf Weniges eingehen. Aber die Antworten bietet Ihnen die Gralsbotschaft viel besser, als ich dies könnte. Sie ist ein Werk – das möchte ich, weil ich wiederholt darauf angesprochen wurde, ausdrücklich betonen, – das sich trotz vermeintlicher Ähnlichkeit mit den *Grund*wahrheiten anderer Lehren keiner davon zuordnen läßt, allein schon weil das Aufzeigen der Zusammenhänge hier unvergleichlich weiter reicht. Glauben Sie daher nicht, Sie könnten irgendwo beginnen, weil Sie vielleicht meinen, das eine oder andere schon gehört zu haben. Es liegt ein Aufbau in dem Buche, der Sie unmerklich, aber von Anfang an in eine neue Art des Sehens und Erlebens hineinführt. Sie werden sich vielleicht fragen, warum ich immer wieder auf die Gralsbotschaft verweise. Ich will Ihnen offen sagen, was der Grund dessen ist, denn Sie sollen nicht denken, Sie seien in eine Werbeveranstaltung geraten. Immer wieder erlebe ich es, sowohl privat wie auch in meinem Beruf als Rechtsanwalt, wie Menschen hilflos den Fragen des Lebens gegenüberstehen, wie sie sich abquälen nach einer Erklärung für dieses oder jenes und schließlich resignierend meinen, es müsse wohl so sein, daß man zu keiner befriedigenden Antwort gelangen könne. Sie selbst werden wohl ähnliche Erfahrungen gemacht haben. Wenn man daher das unschätzbare Glück hatte, als Suchender auf diese Botschaft zu stoßen, so erachte ich es ganz einfach als Menschenpflicht, andere Suchende darauf aufmerksam zu machen. Denn hier liegt in eindringlich-klarer, für jedermann verständlicher Sprache die Hilfe für unsere Nöte, die Antwort auf unsere Fragen bereit. Aber ich darf Ihnen versichern: Weder ich noch jemand anderer hat etwas davon, ob Sie dieses Werk erwerben, ob Sie es lesen oder nicht. Es will Sie – das muß man heute leider ausdrücklich betonen – auch nicht eine Sekte für sich gewinnen. Sie allein sollen den Nutzen aus diesem Werke ziehen. Erst wenn Sie dessen Wert erkannt haben, sind – sofern Sie dies wünschen sollten – Menschen, denen es ebenso ergangen ist, bereit,

Ihnen bei der Vertiefung Ihrer Einsichten zu helfen.

Etwas aber werden Sie jedenfalls noch von mir hören wollen: Den Namen des Verfassers, den ich bisher noch nicht genannt habe. Er hieß Oskar Ernst Bernhardt, schrieb dieses Werk aber unter dem Namen Abd-ru-shin. Ich habe mit Absicht den Namen bisher nicht genannt, denn – seien Sie ehrlich – was nützt Ihnen diese Kenntnis? Als Jesus einst über diese Erde schritt, hatte er keinen anderen Ausweis als sein Wort, als die Botschaft, die er brachte. Auf »Prominenz« konnte er, der schlichte Sohn eines Zimmermanns aus Nazareth, sich nicht berufen. Jene, die ihm folgten, mußten ihn erkennen an der Bedeutung seiner Lehre. So schrieb auch der Verfasser dieses Werkes:

> *»Achtet nicht des Bringers, sondern des Wortes!«*

Wenn wir es recht überlegen, meine Damen und Herren, liegt in diesem Satze ungeheuer viel. Er bringt die Unterscheidung von den trüben Bestrebungen, die heutzutage allzuoft unter dem Vorwand geistiger Erhellung anzutreffen sind. Ein wahrer Helfer wird niemals seine Person zum Mittelpunkte seiner Lehre machen. Mehr möchte ich Ihnen zu diesem Thema jetzt nicht sagen. Ich würde Sie sonst um ein unwiederbringliches Glückserlebnis berauben, das bei der ernsthaften Lektüre dieses Werkes Ihrer wartet.

Mit dieser Lektüre beschreiten Sie den Weg zu einem bewußten Leben. Solange wir nämlich unsere menschengeistige Beschaffenheit, solange wir Weg und Ziel nicht kennen, sind wir – und wären wir noch so verstandesklug gelehrt – in Wahrheit blind und taub. Wir gehen, unbewußt unserer eigenen Kraft und ihres Zusammenspiels mit den Kräften dieser Schöpfung, stumpfsinnig dahin, zwar physisch lebend, aber geistig tot. Erst mit der Erkenntnis unserer Einflechtung in das Schöpfungswirken beginnen wir, beginnt es sichtbar um uns her zu leben, denn es verwirklicht sich das Wort der Gralsbotschaft:

> »*Daß Ihr in meiner Botschaft auch das Wort der Wahrheit wirklich habt, könnt Ihr sofort erkennen, wenn Ihr wachend um Euch blickt; denn Euer ganzes bisheriges Erdenleben, sowie das Neuerleben jedes Augenblickes im Äußeren und Inneren wird Euch vollständig klar, sobald Ihr es von meiner Botschaft aus beleuchtet und betrachtet.*«

Ich hoffe, es ist mir gelungen, Ihnen den Blick wenigstens für einen zwar sehr kleinen, aber ungemein wichtigen Ausschnitt der Lebendigkeit dieser Schöpfung und damit auch für die Weite unseres Daseins zu öffnen. Wir haben zwar mit dem Tode begonnen, aber wir enden mit dem Leben, einem – wie ich hoffe – bewußteren Leben. So möchte ich mich von Ihnen verabschieden mit jenem Satz, mit welchem der Bringer der Gralsbotschaft sein Geleitwort schloß. Es ist der Satz, der unsere ganze, weit über dieses Erdenleben hinausreichende menschliche Aufgabe umfaßt und den ich Ihnen als meinen Wunsch mitgeben möchte:

»Steht als Lebendige in Eures Gottes wundervoller Schöpfung!«

Abd-ru-shin, der Verfasser der Gralsbotschaft, schreibt:

»Der Hörer und Leser meiner Vorträge arbeite stets in sich, lege Sonden und Brücken von dem einen Vortrag zum anderen sowie hinaus in das große und kleine Weltgeschehen! Erst dann kann er die Gralsbotschaft verstehen und wird finden, daß sie sich mit der Zeit zu einem vollkommenen Ganzen schließt, ohne Lücken zu lassen. Immer wieder kommt der Leser im Geschehen auf die Grundzüge zurück. Alles kann er klären, alles folgern, ohne auch nur einen Satz ändern zu müssen… Das Wort der Gralsbotschaft ist lebendig, so daß es nur solche Menschen überreichlich finden läßt, die wirklich ehrliches Verlangen in der Seele tragen! Alles andere stößt es selbsttätig ab. Die Botschaft bleibt den Eingebildeten und den nur oberflächlich Suchenden das Buch mit sieben Siegeln!«

Die Botschaft.

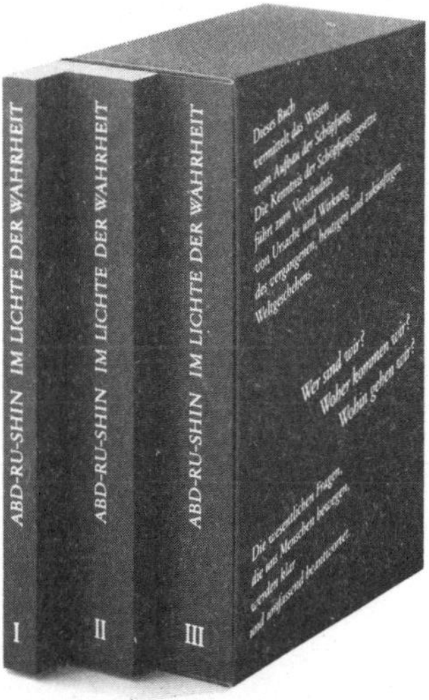

In den Jahren 1923 bis 1938 hielt Abd-ru-shin jene 172 Vorträge, die aufeinander aufbauend zu seinem Hauptwerk „Im Lichte der Wahrheit", Gralsbotschaft, zusammengefaßt wurden.

Der Autor gibt darin eine umfassende Erklärung der Schöpfung und ihrer fortdauernden Gesetze sowie deren Bedeutung für jeden einzelnen Menschen und jeden Lebensbereich.

Die gebundene Ausgabe:

16,0 x 23,5 cm
Band I, II, III Leinen
220 S./432 S./460 S.
ISBN 3-87860-103-4
ISBN 3-87860-104-2
ISBN 3-87860-105-0

Die broschierte Ausgabe:

12,5 x 19,0 cm
drei Bände im Schuber
1112 Seiten
ISBN 3-87860-186-7

Die Botschaft.

Das Buch „Im Lichte der Wahrheit“ ist ein Grundlagenwerk der Naturphilosophie. Es gibt umfassende und klare Antworten auf alle wesentlichen Fragen, die uns Menschen bewegen – vor allem auf die Frage nach dem Sinn des Lebens.

Neben den dreibändigen Ausgaben ist dieses Werk auch in einbändiger Form erhältlich.

Die einbändige Ausgabe:

14,5 x 21,5 cm
Leinen
1092 Seiten
ISBN 3-87860-088-7

Weitere Ausgaben:

Drei Bände, gebunden
ISBN 3-87860-103-4
ISBN 3-87860-104-2
ISBN 3-87860-105-0

Drei Bände, broschiert
(nur zusammen im Schuber)
ISBN 3-87860-186-7

11,5 x 18,0 cm
Taschenbuch
80 Seiten
ISBN 3-87860-197-2

Die Welt, in der wir leben, wird unbestreitbar durch Gesetzmäßigkeiten geordnet. Die wechselvollen menschlichen Gesetze nehmen wir dabei zur Kenntnis, in dem Wissen, daß uns ihre Nichtbeachtung Nachteile bringen kann. Um die unwandelbaren Gesetze der Schöpfung kümmern wir uns hingegen kaum, beklagen es aber, wenn uns dadurch Unannehmlichkeiten erwachsen.

Richard Steinpach versteht es, dem Leser Entstehung und Sinn des Leides logisch einsehbar zu machen. Wenn wir nicht nur die flüchtige Gegenwart, sondern das Ziel unseres Weges vor Augen haben, wird sichtbar „Weshalb Gott das alles zuläßt“.

11,5 x 18,0 cm
Taschenbuch
192 Seiten
ISBN 3-87860-192-1

Daniel Swarovski – Autor dieses Bandes – weiß als Firmenchef eines weltweit tätigen Unternehmens durchaus seine „fünf Sinne" zu gebrauchen. Doch hat ihn das Leben gelehrt, was er in seiner Aufsatz-Anthologie weitervermitteln möchte: daß zum Mensch-Sein mehr gehört als das, was wir mit unseren fünf Sinnen erfassen. Denn Fragen nach Gott und Welt, Geburt und Tod, nach Leiden und Leben des Menschen schlechthin sind nur „Jenseits der fünf Sinne" zu klären.

Das Buch behandelt u.a. folgende Fragen:
Gibt es ein Weiterleben nach dem Tode?
Vom Entwicklungsgang der Seele
Haben Tiere Seelen?
Ist der Kampf in der Natur gottgewollt?
Der Mensch – eine Fehlkonstruktion?
Gibt es Naturwesen?
Auf der Suche nach Gott
Gibt es Gott überhaupt?
Woher kommt das Leben?